青島

自助超簡單

粟子 文‧攝影

TSINGTAO 青啤原浆

拎一袋沁涼啤酒，住一晚德式古堡，散步紅瓦綠樹間，開心成為青島控！

Contents

親，來青島吧！

　　網路常見以不同地區為主題的「偏見地圖」，毫不掩飾地展露
對各個國家或地方的刻板印象，毒舌有趣兼一針見血。相同問題，
如果請台灣人以一句話形容青島，相信十有八九不離「啤酒」二字。
如此有志一同的反射式回答，源於耳熟能詳的「青島啤酒」，金字
招牌彷彿將青島與啤酒纏上牢不可破的鎖鏈。老實說，這樣的
見解其實不偏，只是有些概全，畢竟青島確有源於德國殖
民時期的新鮮扎啤（普遍到用塑膠袋裝販售，
每逢傍晚常見身穿居家服的當地人悠
哉拎著啤酒回家），也的確在
每年 8 月舉辦（有幾分德國
味）啤酒節嘉年華，還有講
述啤酒今昔的啤酒博物館，
以及黑夜比白天熱鬧萬千
倍的登州路啤酒街，如此
與啤酒緊緊糾纏，被畫上
等號著實不冤。

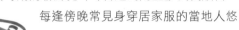

　　唯一需要澄清的是，除了啤酒外，青島還有更多令人為之傾倒的繽紛魅力——百年古典的歐式建築、清新開闊（有時霧氣瀰漫）的海灣景致、獨占鰲頭的幸福指數、首屈一指的整潔市容（垃圾桶擦得啵兒亮，廁所也稱得上乾淨）……是中國大陸熱度很高的夏季避暑勝地與旅遊發達城市，台灣知名的涵碧樓、遠雄悅來也紛紛到此插旗。相信只要到青島一次，無論是海灘控、古堡控、旅館控、登山控、健行控抑或是賞花控、文青控、啤酒控、海鮮控、咖啡控、燒烤控，都將成為最忠實的青島控！

Suzi 栗子

放眼青島

❶ 老城區中山路周邊
❷ 館陶路＋廣饒路
❸ 登州路＋昌樂路＋台東
❹ 信號山＋大學路＋小魚山
❺ 青島山公園＋中山公園
❻ 八大關＋太平角公園
❼ 五四廣場＋南京路＋閩江二路

↑往機場方向

膠州灣

四方長途
汽車站

↓往黃島方向

新疆路高架路

館陶路

登州路

台東

膠寧高架路

南京路

閩江二路

香港中路

青島膠州灣海底隧道

中山路

信號山
●公園

小魚山
●公園

中山
●公園

五四
廣場

浮山所灣

燕兒島

麥島

青島
火車站

棧橋

青島灣

匯泉灣

八大關

香港西路

太平灣

太平角

團島灣

青島膠州灣隧道

團島

匯泉角

太平灣

青島火車站

小魚山公園

信號山公園

F.R.AE

往嶗山方向→

如是
書店

青島市
博物館

石老人
海水浴場

香港東路

青島海昌
極地海洋世界

小港角   赤島

麥島

如是書店

石老人海水浴場

青島海昌極地海洋世界

中山公園

五四廣場

世界這麼大、城市如此多，青島有何過人之處，足以撥出寶貴時間專程前往？坦白說，她雖非北京、上海一類世界級大城，也缺少西安動輒千年起跳的豐厚底蘊，亦沒有拉薩、烏魯木齊那般特殊的少數民族文化，但卻擁有獨樹一格的海灣美景，搭配錯落有致的異國建築及難能可貴的清潔市容，無怪年年盤據全中國最幸福城市前三甲！想知道哪些景點不去可惜、哪些食物非嘗不可、哪些巷弄暗藏玄機？所有關於青島的歷史、飲食、訂房、購物、逛街、單日行程，讓您一把掌握！

PART 1 自助一把「青」

9 「青」旅行──單日行程自由配

8 「青」兄弟──台北的青島路、青島的台北路

7 Buy好「青」──紀念品與地雷

6 巷弄踏「青」──特色街道超聚焦

5 「青」人看點──青島大媽的臉基尼奇蹟＋新人婚紗看到撐

4 「青」鬆住宿──挑選酒店一點通

3 必食「青」味──鮫魚餃子

2 暢飲「青」典──青島啤酒＋嶗山可樂＋嶗山白花蛇草水＋青島老酸奶

1 秒懂「青」史──政權流轉懶人包

秒懂「青」史──
政權流轉懶人包

　　臨海的青島，直到 19 世紀末方因海權觀念興起受到重視，特別在 1897年德國租借港口、興建鐵路後，更迅速從默默無名的漁村蛻變為商業蓬勃的國際自由港。未幾，日軍接手占領，紡織業為主的製造業興起，使得青島在交通、建築、教育與電子通訊等方面快速發展，現代化程度較其他城市大幅提升。青島的城市規劃是德國按照西方模式建構基礎，其後日本殖民與收歸國府統治時期依舊維持此方向，致使以中山路為核心的老城區帶有鮮明的西洋情調。青島的中國傳統底蘊相對較淺，最明顯的例證就是西式教堂多過中式廟宇，長期接受異國文化薰陶的結果，造就島城人樂於接觸新事物的開闊胸襟。

青島百年簡史

政權	時間	歷史事件
清朝	1865	清廷在今青島地區設置 9 個東海關辦事處，監管進出船舶與貿易稅收等事務，青島口街逐漸繁榮。
	1884	中法戰爭爆發，法國欲侵占膠州灣，清廷調兵 200 人嚴防青島口，法撤出。
	1891	清廷在青島口修建海軍碼頭使用的木橋（棧橋前身），隨後批准膠澳設防，此為青島城市建制的開始。
德國	1897	德國以巨野教案為藉口，出兵強占膠州灣。
	1898	德國迫使清廷簽訂《膠澳租界條約》，取得膠州灣 99 年租期、鐵路修築權與採礦權，青島正式成為德國殖民地。
	1899	德皇威廉二世將膠澳新市區命名為「青島」，闢為向全世界開放的自由港。
日本	1914	第一次世界大戰爆發，日本取代德國占領膠州灣地區，進行軍事殖民統治。
	1919	一戰結束，巴黎和會承認日本在膠州灣的權益，同為戰勝國的中國被列強犧牲，引發五四運動，學生提出「誓死力爭，還我青島」口號。
國府	1922	中日簽訂《解決山東懸案條約》，中國收回膠澳租界地，設立膠澳商埠督辦公署，市內區稱青島市，直屬北洋政府。
	1929	南京中央政府接管膠澳商埠，設置青島特別市，直隸中央政府行政院。
	1930	改稱青島市，建制不變。
日本	1938	日本以德縣路事件發動部隊二次占領青島市，設置「青島市治安維持會」，受華北傀儡政權「中華民國臨時政府」管轄。
國府	1945	抗戰勝利，國民政府接管青島，同時間美軍進駐，成為美國海軍基地。
	1947	中華民國海軍官校遷至青島，為中華民國海軍重要基地。
中共	1949	中國人民解放軍攻占青島市區，國民政府部隊與美軍被迫撤離。
	1984	中共改革開放，青島成為天津、上海、大連等全國 14 個沿海開放城市之一。

暢飲「青」典——
青島啤酒＋嶗山可樂＋
嶗山白花蛇草水＋
青島老酸奶

在中國，「嶗山水好」是無人不知的基本常識，不論有無去過靈氣逼人的嶗山、是否見過蒲松齡筆下法術高深的嶗山道士，都肯定喝過清甜味美的嶗山水。嶗山的好水不只純飲，也是製作飲料的最佳原料，從揚名世界的「青島啤酒」到中國最老牌的「嶗山可樂」，皆是由嶗山水幻化的徒子徒孫。

Info

青島自來水的溫馨提示

儘管嶗山水好，但青島市內使用的自來水卻評價欠佳，本地人多只用來洗衣洗澡，做飯飲食則會另行購買山泉水（常見付費加水站）。青島自來水的源頭分別為白沙河流域、大沽河流域和棘洪灘水庫，前者屬嶗山源頭，後兩者分別來自大沽河流與黃河水，近年黃河水汙染問題層出不窮，處在黃河水末端的青島人自然有所疑慮。就筆者的飲用經驗，青島的自來水帶有微微鹽味，煮沸後依然存在，不若無色無味的礦泉水清新解渴。

青島啤酒──「青」出於「德」

　　酷愛啤酒的德國人，順理成章將釀造技術與啤酒文化引入殖民地，1903 年德、英兩國商人在青島成立「日耳曼啤酒公司青島股份公司」，使用嶗山泉水製造具德國風味的啤酒。百年間，啤酒廠因政權更替幾度轉手、數次更名，唯一不變的是沁涼暢快的經典滋味。青島啤酒屬於利用低溫熟成技術製作的窖藏啤酒，主要成分有麥芽、大米、啤酒花、酵母等，經糖化、過濾、冷卻、發酵、包裝等工序製造而成，酒體清澈呈淡黃色、泡沫白細不易散，散發淡淡麥香，口感清爽不苦、好入喉。不只青島啤酒，當地還有一款工廠設在嶗山景區內的「嶗山啤酒」，嶗啤相對價格低青啤許多（以330ml 玻璃樽裝為例，嶗啤 ¥2.5、青啤 ¥5.5、外銷等級紅蓋青啤 ¥6.8），口感也與青啤略有差異，本獨立經營，現已被青啤集團收購。據說部分「嶗山啤酒」的生產已轉往青島市內李滄區的四廠，而四廠的水源來自黃河，水質自然與嶗山泉水有段差距。

　　除了熟知的鐵罐或玻璃樽裝啤酒，來到青島，千萬別錯過青島啤酒廠（青島啤酒博物館）內未經過濾和消毒的原漿，由於沒有任何處理與添加物，這款至尊鮮味的保存期限僅短短 24 小時！基於地利之便，緊鄰啤酒廠旁的超市與附近的青島啤酒街，多標榜販售「一廠直供」（當地人只喝一廠出產）的原漿。如同古裝劇裡的「打酒」概念，店家多是論斤秤重賣，當地人常以塑膠袋打包帶走（一斤 500cc 約 ¥2.5～¥3），插上吸管邊走邊喝，便是最快意的青啤體驗！

最後，青島常見扎啤、原漿、生啤、鮮啤等各種啤酒款式，令人好奇究竟有何不同？簡單地說，青島啤酒屬於低溫熟成技術製作的「拉格啤酒」（Lager，意為窖藏），採用桶底發酵的酵母菌發酵後，再以低溫保存數月才能飲用。裝瓶販售前，因處理方式不同而有「熟啤」與「生啤」的差異，前者經過 60 度高溫半小時噴淋的巴氏殺菌（化學變化）過程，後者則只有過濾去除微生物（物理變化），也就是所謂的鮮啤。在青島，鮮啤主要有瓶裝的純生啤酒（保存期 7 天）和裝在大啤酒桶內的生啤（保存期僅 1 天）兩款，而原漿是不經過後天修飾（未經巴氏殺菌或物理方法除菌），亦沒有過濾酵母（允許含有一定酵母活菌）的啤酒發酵原液；扎啤則是利用扎啤機添加二氧化碳的冰鎮鮮啤，口感泡沫較好，但內容物其實是一樣的鮮啤。溫馨提示：扎啤冰涼清爽、麥味淡，即使不太喝酒的人也能輕鬆入喉，但扎啤還是有 10 度左右酒精濃度的飲品，後勁足，一不注意就可能醉得超乎想像，暢快痛飲前請務必謹記在心。

青島啤酒廠（青島啤酒博物館）【地圖 p.199】
◎地址：登州路 56 號
◎電話：83833437
◎時間：旺季 08:00 ～ 17:00、淡季 08:30 ～ 16:30
◎票價：
・普通票：旺季 ¥60、淡季 ¥50，贈原漿啤酒一杯、純生啤酒一杯、啤酒豆一包
・貴賓票 A：旺季 ¥80、淡季 ¥70，有 A1、A2 兩款，A1 ＝普通門票＋奇幻之旅 4D
影院門票（單購 ¥30）、A2 ＝普通門票＋啤酒烤香腸 2 枚＋純生啤酒暢飲
・貴賓票 B：¥90，包含普通門票＋啤酒烤香腸 2 枚＋奇幻之旅 4D 影院門票
◎交通：
・公交青島啤酒博物館站：205、217、221、604
・公交台東（啤酒街）站：15、205、302、306
◎周邊：台東三路步行街、青島文化街、清和路基督教堂
◎官網：www.tsingtaomuseum.com

嶗山可樂——哥喝的不只是可樂，更是回憶！

1953 年面市的青島本地品牌「嶗山可樂」，是中國第一款自行研發的碳酸飲料，憑著嶗山礦泉水的高品質基礎，以及添加烏棗、白芷、良薑、丁香、砂仁等十餘味中藥成分的獨門配方席捲全中國，不僅銷量一度高居國產可樂之首，更於 80 年代達到年產八千萬噸仍供不應求的盛況。無奈，隨著可口可樂、百事可樂兩大國際品牌跨海襲來，加上本身弊端難解，致使「嶗山可樂」明顯萎縮虧損，1997 年甚至宣告停產。

消失 7 年後，陪伴青島市民半世紀的「嶗山可樂」，2004 年以「老品牌復出」的姿態強勢回歸，儘管對手依舊強大，卻憑著天然草本配方的「健康型可樂」殺出生機。別於蔗糖甜、氣泡強的老外對手，「嶗山可樂」入口有淡淡的香草甘與紅棗香，氣泡也較細緻。「中藥帶來的層層香氣和回甘，讓幾年後喝下第一口可口可樂的我感到寂寞無比……不懂嶗山可樂的人不會懂可口可樂到底缺了什麼。」島城人對「嶗山可樂」的愛好已到了非它不可的地步，這種擇善固執的痴情，在可口與百事幾乎暢行全球的情況下更顯珍貴。無論喜不喜歡中藥味、相不相信可樂能養生，都務必嘗嘗讓青島人們念念不忘的「家鄉樂」。

嶗山白花蛇草水——榮登「中國最難喝」

「外交部會打死你們！」、「兩國友誼就此結束！」、「斷交都是輕的，這是要開戰啊！」大陸網友得知另類的中國之光——「嶗山白花蛇草水」將外銷至非洲賴比瑞亞，各式調侃聲四起，畢竟它並非只是帶點兒中藥味的「嶗山可樂」，而是榮登「中國最難喝飲料」的鹹臭奇葩！類似討論排山倒海，令人好奇「嶗山白花蛇草水」究竟難喝到什麼地步？對此疑問，「受害者」的妙筆生花最能重現箇中滋味：「如果叫『嶗山白花蛇草水』的東西能用來喝，那麼『正紅花油』就能炒菜，『六神花露水』也能用來蘸壽司了！」「像被汗水發酵了三個夏天的爛蓆子熬了水，再佐以苦鹹的海水。」「看到這幾個字手都會顫抖，估計夏天開著瓶蓋，蚊子都要繞著走！」簡短地說，就像「帶刺味的尿」與「鹽酸水」！

　　實際上，「惡名昭彰」的「嶗山白花蛇草水」已面市超過半世紀，與「嶗山可樂」同為青島嶗山礦泉水公司出品，內含名貴中藥白花蛇草，其有性甘淡涼、消熱解毒、助消化等效用。儘管此水著實稱不上美味，但基於良藥苦口的真諦（或獵奇嘗鮮的心理），不僅在中國享有高知名度，甚至還有機會一舉紅到非洲去！寫了這麼多近乎「離奇」的描述，筆者懷抱著濃濃的期待與恐懼，嘗試的結果感想卻是「根本沒那麼恐怖！」簡言之，「嶗山白花蛇草水」就是帶有幾分海味（類似石花菜）的無糖蘇打水，冰鎮過後口感甚佳。雖然不至於喜歡喝，但至少不討厭，相信也難引起網友口中的國際糾紛。

青島老酸奶──眾口鑠「酸」的城市記憶

　　人在青島，從超市、雜貨店、餐館到路邊攤，都可見青島老酸奶的蹤跡，店家還會以「酸奶是早上剛到的」作為促銷口號。土生土長的青島人對老酸奶的喜愛，源自純真可愛的童年回憶──熾熱難耐的夏季，將一瓶陶罐裝的乳白色酸奶暢飲下肚，解暑之餘更留下滿口酸香！長大成人後，舉凡吃海鮮、洗海澡、逛市場，仍不忘帶一罐老酸奶相伴，見「舊雨」著迷至此，初來乍到的「新知」豈有不跟進的道理？！

據觀察，當地標榜老酸奶的商戶十分常見，尤其在觀光區更是密集。與中國他省常見的半流質酸奶不同，所謂的「老酸奶」屬凝固型酸奶，是將鮮奶殺菌後加入菌種，先填裝至容器內密封，再發酵而成，由於這種製作工藝較為古老，因此被稱作「老酸奶」。老酸奶多以湯匙或吸管食用，口味酸中帶甜、恰到好處，確實有令人一飲難忘的神奇魔力。炎炎夏日，也有店家供應自製的酸奶冰淇淋，質地綿密、酸味明顯而柔和、清爽不膩。

Data

什麼老食品店【地圖 p.196】
◎ 地址：中山路 162 號（近劈柴院入口處）
◎ 電話：18053225580
◎ 時間：09:00 ～ 22:00
◎ 交通：
　・地鐵青島站
　・公交棧橋站、青島火車站、中山路站、黃島路站、口腔醫院站、泰安路站、大沽路站、河南路站
◎ 周邊：劈柴院美食街、中山路商圈、青島文學館、浙江路天主教堂、青島火車站、棧橋、青島聖保羅堂、青島郵電博物館
◎ 價位：什麼老酸奶（附贈老酸奶復刻陶罐）¥16、酸奶冰淇淋（附贈生鐵杯）¥20

必食「青」味──
鮁魚餃子

鮁魚（鮁讀音拔，但當地多唸作罷）又稱作馬鮁魚，乍看陌生的魚種，其實是以另一個姓名在台灣走跳，牠就是街頭巷尾小吃攤常見的土魠魚。島城人對鮁魚的深情，絲毫不遜台南人對虱目魚的熱愛，舉凡魚漿丸子、魚餅、紅燒、清蒸、醬燻、火烤等各種吃法，都能見著鮁魚的影子，每逢鮁魚4月上市，更是青島全城熱議的大事！

山東人食用鮁魚的淵源久遠，早在距今約4,000年前的三里河遺址就已發現大量的鮁魚骨，流傳至今，仍有「鮁魚跳、丈人笑」的習俗，即新女婿上門要送老丈人一對肥美鮁魚作為見面禮。青島眾鮁魚料理中，最富特色且至得民心的莫過「將魚肉絞碎、混入肥肉、拌入韭菜」的鮁魚餃子。相較熟悉的豬、牛肉餡，鮁魚顯得柔軟溼潤且鮮味濃郁，餃子下肚，再喝一碗帶有麵香的餃子湯，正是「原湯化原食」的道地吃法。

「青」鬆住宿——
挑選酒店一點通

　　曾經歷德、日治理的殖民歷史與海天一色的自然美景，造就青島與眾不同的異國風情與遼闊舒暢的視覺饗宴，觀光飯店業者（包括位於黃島區的涵碧樓與市南區的遠雄悅來）紛紛相中青島優勢，不約而同到此駐點。住宿市場的蓬勃發展，使得旅客選擇越來越多，從動輒百年的古堡老宅、背山面海的度假酒店，到精緻實惠的民宿客棧、簡單便利的連鎖酒店（錦江之星、速8酒店、宜必思ibis、如家快捷），無論預算是砸下重金的「萬元戶」還是精打細算的千元有找，都能住得滿意又舒適。更貼心的是，青島（或者可延伸至全中國）的旅舍雖有規範的入住時間，但只要房間整理妥當，一般都會讓旅客提早入內，星級酒店也多有贈送每日迎賓水果的習慣，十分人性友善。

目前青島許多酒店都能透過網路知名平台預訂（tripadvisor 貓途鷹、Agoda.com、Hotels.com、Booking.com、Ctrip 攜程），儘管須額外收取服務費，但相對較有保障。一般而言，如果不是特別熱門的時段，幾乎一周前都還有房間，但若有在旺季（8、9 月）或大陸連假（春節、五一、十一）前往的打算（建議避開，否則看景變看人、海水浴場下餃子、處處人擠人），請盡量提早一個月以上預訂。本書精選 13 間位在青島市區內、鄰近主要景點、網路評價佳的高 C/P 值酒店或旅館，可按自己需求挑選。

　　就個人實際體驗，筆者最推薦「武勝關度假酒店」。儘管價位較高且裝潢如一般星級酒店，但不僅鄰近中山公園、第一海水浴場與八大關景點，更有服務態度佳、房間坪數大、設備貼心（備有晾衣架、洗衣精、踏浪用塑膠拖鞋等）、地處「天泰體育場」公車總站（可由此搭車至石老人、火車站、台東等各主要景點）、門口經常有計程車排班等優勢，對觀光客可謂相當便利。

青島市區高 C/P 值住宿精選

名稱 / 地址	公交 / 地鐵	特色	價位	周邊景點
錦江之星 青島中山路店 堂邑路 5 號	大窯溝站 ×	位置頗佳，經濟實惠	800	德國風情街、即墨路小商品市場、劈柴院美食街
泛海名人酒店 太平路 29 號	棧橋（太平路）站 青島站	距離各主要景點近、面海風景優	2,800	棧橋、青島郵電博物館、膠澳總督府舊址、天后宮
麥子青年旅舍 河北路 35 號	河南路站 青島站	簡單舒適安全、具個性文藝風	600	劈柴院美食街、中山路商圈、青島火車站
奧博維特 國際青年旅舍 觀象二路 21 號	觀象路站 ×	舊天文台改建、寧靜清幽	800	觀象山公園、青島聖保羅堂、龍山路基督教堂
怡堡酒店 龍山路 26 號南門	龍江路站 人民會堂站	位於迎賓館院內的德式城堡酒店	2,800	迎賓館、信號山公園、大學路咖啡街
山姆的家 藝術攝影客棧 福山支路 20 號	海水浴場站 匯泉廣場站	百年德式別墅內的酒店式民宿	2,200	小魚山公園、康有為故居、第一海水浴場
武勝關度假酒店 武昌路 3 號	天泰體育場站 中山公園站	服務專業熱情、鄰近八大關	2,500	第一海水浴場、中山公園、八大關
八大關賓館 山海關路 19 號	正陽關路 中山公園站	八大關景區旁老牌酒店、風景佳	2,200	八大關、第二海水浴場、花石樓
青島香格里拉 大酒店 香港中路 9 號	世貿中心站 五四廣場站	五星級酒店、貓途鷹評價第 1	3,800	五四廣場、音樂廣場、奧林匹克帆船中心
青島威斯汀酒店 香港中路 8 號	世貿中心站 五四廣場站	五星級酒店、休閒度假風格	4,500	五四廣場、音樂廣場、奧林匹克帆船中心
青島中心假日酒店 徐州路 1 號	浮山所站 江西路站	服務品質佳、鄰近家樂福	3,000	音樂廣場、五四廣場、奧林匹克帆船中心
遠雄悅來酒店公寓 香港中路 26 號	浮山所站 江西路站	備有微波爐、洗衣機、廚房等	3,500	音樂廣場、五四廣場、奧林匹克帆船中心
China 公社 文化藝術酒店 閩江三路 8 號	海洋地質所站 江西路站	建築具特色、富中國文藝風	2,300	青島咖啡茶藝街

＊註：上述價位為台幣，報價僅供參考，基準為淡季平日雙人標準房型（不含網路訂房平台 10% ～ 15% 手續費），星期五、星期六與旺季也可能提高 2 至 4 成。

「青」人看點——
青島大媽的臉基尼奇蹟＋
新人婚紗看到撐

青島不僅有令人驚豔的山海景色、清新舒爽的滿城綠意，更有別處罕見的妙人趣事，其中最值得矚目的，莫過沙灘上的臉基尼和在歐式建築前大晒恩愛的新科夫婦。人在青島，切莫錯過這兩項極具特色的大看點，精采程度就是喧賓奪主也不意外！

青島大媽的臉基尼奇蹟

風靡青島夏日海灘的「臉基尼」（Facekini），雖然早在 1928 年就已登場，但因為外形詭異吸睛（激似搶銀行面罩），直到 2012 年才在青島大媽爽朗無懼的高調「戴動」下迅速竄紅！臉基尼顧名思義，就是僅有露出眼睛、鼻子與嘴脣的頭套，據傳不僅能防晒，還可以免遭青島沿岸常見的水母刺傷（題外話，青島人嗜吃用水母製作的海蜇，老醋蜇頭正是青島名菜之一）。

臉基尼的走紅與中國人「怕晒黑」的思維緊密相關，這種「甘願麻煩、寧可熱，就是不要黑」的心態，在夏季海水浴場尤其明顯，沙灘上不時可見身穿全套潛水衣或緊身長衣褲、把自己包得密不透風的泳客。更妙的是，同行的家人朋友也會穿著相同款式的泳裝與臉基尼，成群結隊猶如制服，神情自在不以為意，確是令人絕倒的精采畫面。

新人婚紗看到撐

　　擁有異國風情與整潔環境的青島，是中國拍攝婚紗照的爆棚熱點，無論任何時段、晨昏晴雨，都可在浙江路天主教堂前、八大關、太平角公園、中山公園等處見到數對、十餘對甚至幾十對喜氣洋洋的新人。整套作業非常專業且訓練有素，攝影師們帶著器材上山下海，處處都能聽到趴在地上的他們指揮新郎新娘的喊聲。中午放飯時間，穿著西式婚紗西裝或中式旗袍馬褂的新人們席地而坐吃便當配饅頭，見識完美婚紗照之外的妙趣番外篇！

巷弄踏「青」──
特色街道超聚焦

從舊時古典的德國建築、暢飲青啤的海鮮餐館、清新可愛的獨立書店到別具一格的咖啡小鋪，漫遊青島市區巷弄，經常有令人眼睛一亮的驚喜！最棒的是，這些建築或店家往往聚集一處，兩三步就有新發現，輕鬆賞盡豐富多元的島城美景。

路名	特色	周邊景點
館陶路	又稱「德國風情街」，建築保有百年前歐陸建築風格，曾有「青島華爾街」美譽。	即墨路小商品市場、劈柴院美食街、青島聖保羅堂

路名	特色	周邊景點
中山路	青島市區最富歷史的南北主要幹道、地標性商業街區，負盛名的劈柴院美食街在其北側。	青島文學館、浙江路天主教堂、青島火車站、棧橋

路名	特色	周邊景點
黃島路	保留青島特有的「里院」民居建築，其中以 17 號最完整，街道仍是百年前的石板模樣。	浙江路天主教堂、觀象山公園、觀海山公園、中山路商圈

路名	特色	周邊景點
觀象路	老別墅與石階小徑構築的寧靜街區，當地畫家寫生的祕密基地。	觀象山公園、青島聖保羅堂
觀海路		觀海山公園、膠澳總督府舊址

路名	特色	周邊景點
廣西路	青島最早建成、歐式建築最集中的道路，被暱稱為「青島的漢堡街」。	棧橋、青島郵電博物館、膠澳總督府舊址

路名	特色	周邊景點
大學路	個性咖啡店與在地低調美食群聚於此，處處洋溢歐式歷史感與文藝氣息。	迎賓館、老舍故居、梁實秋故居、青島德國監獄舊址博物館

路名	特色	周邊景點
金口路	現分為金口一路、二路、三路，是最具青島老城氣氛的街道，有多棟建築特色鮮明的洋樓。	小魚山、梁實秋故居、老舍故居、青島海底世界、魯迅公園

路名	特色	周邊景點
登州路	又稱「青島啤酒街」，以青島啤酒廠為中心，堪稱是 365 日永不落幕的啤酒節。	台東三路步行街、青島文化街、清和路基督教堂

路名	特色	周邊景點
台東三路	地處台東商圈核心，型態類似台北東區與西門町的混合體，市內最摩登熱鬧的商業步行街。	清和路基督教堂、青島啤酒街、青島文化街

路名	特色	周邊景點
昌樂路	又稱「青島文化街」，集創意、收藏、古玩、鑑賞於一體的文化產業示範園區。	青島啤酒街、台東三路步行街、清和路基督教堂

路名	特色	周邊景點
閩江二路	又稱「青島咖啡茶藝街」，聚集多間風格各異的咖啡、茶藝館，蘊含濃濃文藝氣息。	五四廣場、音樂廣場、奧林匹克帆船中心、情人壩

Buy 好「青」——
紀念品與地雷

　　身為觀光業蓬勃的旅遊城市，青島存在不少標榜當地特產與本地限定的紀念品，除了青島啤酒和其周邊商品（啤酒豆、啤酒花咖啡、啤酒酥、啤酒形巧克力、啤酒形開罐器、啤酒瓶冰箱磁鐵），也有珊瑚貝殼海螺等製成的首飾與擺件，以及清新回甘的嶗山綠茶、青島主題的文創商品（手繪地圖、明信片、景點立體卡片）、手工製作的迷你青島小屋等等。儘管花樣多元、選擇豐富，也別忘記處處留意，購買前仔細檢查、當心掉包、注意比價（棧橋等熱門觀光區的商品定價可能是他處的翻倍），避免落入網友筆下「坑爹」甚至「坑人到家」的地雷陷阱。

　　另外，提醒有意攜帶罐裝青島啤酒返台的朋友，請務必將酒妥善包裹後置入大件行李（手提超過 100ml 的液體登機會遭沒收）託運，且總量勿超過免稅限額 1 公升，否則返國時就需前往紅色櫃台辦理補稅事宜。玻璃瓶啤酒可以塑膠袋捆裝後，用衣物包裹再盡可能緊實地塞入託運行李即可；至於罐裝啤酒是否會因飛機艙壓改變而爆裂？彙整網友經驗，發生的機率微乎其微，若真的爆開也多是鋁罐本身已有缺損，只要綁緊固定，基本上沒有問題。

地雷一、蓮花果好澀

　　「不買幾顆蓮花果回去，別說你來過青島。」棧橋、火車站附近常有攤販叫賣一種色澤金黃、狀似蓮花的新奇玩意，宣稱是青島本地或嶗山特產的「水果」，香甜多汁（但從不敢請人試吃），單顆售價 ¥20 ～ ¥40 不等。

實際上，蓮花果原名飛碟瓜，產於山東省境內的壽光市，屬無食用價值的觀賞用南瓜，口感不甜且澀，生熟都難下嚥。近年已列入青島旅遊警示，官方亦加強取締，唯類似騙術換湯不換藥且抓不勝抓，還請多加小心。

地雷二、青島不產珍珠

「青島特產的珍珠項鍊，買一條，體面又實惠。」如同台灣的臨海觀光區，青島也會見到各式各樣的珍珠製品，胸針、耳環、項鍊琳琅滿目。一旦遊客停下腳步或開口還價，小販便會展開令人難以招架的「自殺式砍價」，一路從百餘元降至幾十元。然而，無論買到多低的折扣，都別以為占到便宜，因為項鍊的成本可能只有區區幾毛！其實，青島的水溫並不利於珍珠養殖，市場所見多是染色劣珠甚或合成贗品，切莫上當！

地雷三、不產珍珠，當然沒有珍珠粉

青島沿海的部分店鋪號稱販售現磨的青島產珍珠粉，一包售價可達￥60，稱內服外用都可達到美容養顏的效果，不過青島既然不產珍珠，自然沒有所謂的珍珠粉。據調查，這些粉末多是來自浙江一帶的貝殼粉，非但沒有美白作用，吃多還可能導致結石。

地雷四、點海鮮時注意價格是指一隻、一斤還是一盤

來到青島，必會品嘗著名的海鮮料理，儘管絕大多數餐廳正派經營，卻也有極少部分的害群之馬，試圖以蒙混或引誘方式詐騙客上當，導致被害人須付出數倍，甚至數十倍的餐費！近期鬧得最沸沸揚揚的就是「一盤變一隻」的糾紛，他省觀光客想當然耳以為油燜蝦是「一盤」￥38，結帳時卻被告知是「一隻」￥38（其實菜單上有以極小字註明），價格瞬間暴漲20倍（盤中有20隻蝦），差別高達數千台幣之譜！提醒各位，點餐時（尤其是鮑魚、海參、海膽、蝦蟹、生蠔一類高檔海鮮）務必睜大眼睛看仔細或開口問清楚標價單位是「一隻」、「一斤」還是「一盤」，在未確定價格前，切莫任由店家將其宰殺，以免店家用既成事實迫使你高價承受。

「青」兄弟——
台北的青島路、青島的台北路

　　「到了北京才知道官小，到了東北才知道膽小，到了廣州才知道錢少，到了青島才知道地理沒學好。」中國大陸廣為流傳的照樣造句順口溜，青島以奇特的「地理沒學好」名列其中。會這麼說，倒非青島地理高手雲集，而是市區道路皆以中國省市命名、每個名稱皆有來頭。偏西北的新疆路、甘肅路；偏東南的香港路、台灣路；南北向的山西路、浙江路；東西向的廣西路、湖北路，人在青島，只要知道中國省市相對位置，就能明白身在何方。巧的是，青島的路名規劃與台北「如出一轍」，兩城同屬「市區走一圈＝中國跑一圈」的類型，形成台北市有青島（東西）路、青島市有台北路的奇妙緣分。

　　青島最出名的「八大關」，便來自此區域內以嘉峪關路、山海關路、武勝關路等八條關隘命名的道路（後來增加兩條，實際上是十大關），隨著城市建設，市政府又在團島一帶（青島最西側）設置西陵峽路、巫峽路、瞿塘峽路等「八大峽」（實際上也是名實不符的十條路，即十大峽），與市政府東北側新闢的洞庭湖路、太湖路、西湖路等「八大湖」（貨真價實的八條），數個八字頭的特色道路群，恰恰彰顯青島別出心裁的路名風格。對我們而言，地處東南側住宅區的台灣系列道路尤其親切，不僅有知名度較高的台北路、高雄路、嘉義路、台南路，亦可見善化路、豐原路，若時間有餘裕，不妨與寫有自己家鄉名稱的「他鄉之牌」合照留念。

　　除了路名有趣，地勢高低起伏、常見丘陵小山的青島，還有道路蜿蜒曲折、扭來轉去的特點。步行老城區，很容易碰上三叉路、五叉口，觀光客迷途不稀奇，有時就連青島本地人都弄不清東西南北。若遇上不知身在何處的「丟人」情形，不妨先開啟手機的指南針功能（有時地圖反而越看越迷糊），朝著正確方向前行，便可輕鬆脫離「迷魂陣」。

「青」旅行——
單日行程自由配

　　青島的景點主要集中在市南老城區、市南區、市北區、嶗山周邊等四塊，同區域內的點與點間距離相近，對仰賴大眾運輸和步行的自助旅行者可謂相當便利。出發前，旅客可按照個人喜好列出感興趣的目標，將相鄰景點串聯一起，再考慮停留的時間長短有所取捨，就可輕鬆規劃行程。一般而言，暢遊青島至少需 4 至 5 日，扣除 1 整天的嶗山＋石老人＋青島海昌極地海洋世界，另外 3 至 4 天就以市區遊覽為主。考量路線順暢與景點可看性等因素，本書列出 5 個單日主題行程，可以照表操課亦能自行替換調配。

Route 1 老城區德式建築巡禮：中山路＋館陶路

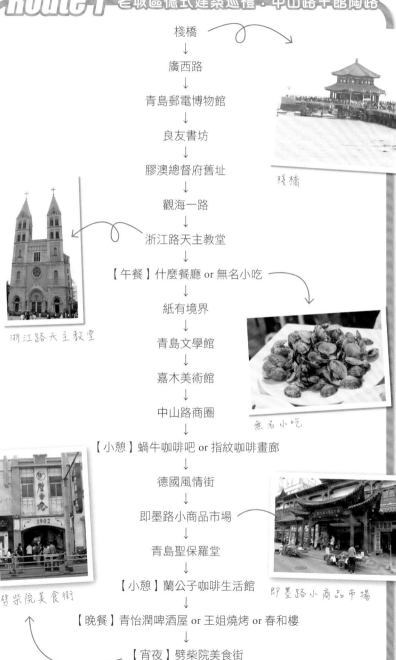

棧橋
↓
廣西路
↓
青島郵電博物館
↓
良友書坊
↓
膠澳總督府舊址
↓
觀海一路
↓
浙江路天主教堂
↓
【午餐】什麼餐廳 or 無名小吃
↓
紙有境界
↓
青島文學館
↓
嘉木美術館
↓
中山路商圈
↓
【小憩】蝸牛咖啡吧 or 指紋咖啡畫廊
↓
德國風情街
↓
即墨路小商品市場
↓
青島聖保羅堂
↓
【小憩】蘭公子咖啡生活館
↓
【晚餐】青怡潤啤酒屋 or 王姐燒烤 or 春和樓
↓
【宵夜】劈柴院美食街

棧橋

浙江路天主教堂

無名小吃

劈柴院美食街

即墨路小商品市場

Route 2
老城區徒步漫遊：
信號山＋大學路＋小魚山

迎賓館
↓
信號山公園
↓
江蘇路基督教堂
↓
青島郵電博物館
↓
【小憩】良友書坊
↓
【午餐】U&I（優愛）
↓
天后宮
↓
青島德國監獄舊址博物館
↓
老舍故居
↓
【小憩】沙朴庭院咖啡館 or 長頸鹿咖啡 or 咖啡空間
↓
沐棉 · 至美雜貨
↓
梁實秋故居
↓
海軍博物館 + 小青島 +
魯迅公園 + 青島海底世界
↓
第一海水浴場
↓
小魚山公園
↓
【小憩】海邊的貓和咖啡館
↓
康有為故居

迎賓館

咖啡空間

天后宮

海軍博物館

第一海水浴場

Route 3
市南區山海遊：
八大關＋太平角公園＋太平山景區

【早午餐】稍思咖啡館
↓
八大關
↓
第二海水浴場
↓
花石樓
↓
太平角公園
↓
【小憩】一杯滄海
↓
湛山寺
↓
太平山索道
↓
太平山景區
↓
中山公園
↓
青島文化街
↓
【晚餐】萬和春
↓
台東三路步行街
↓
【宵夜】台東夜市

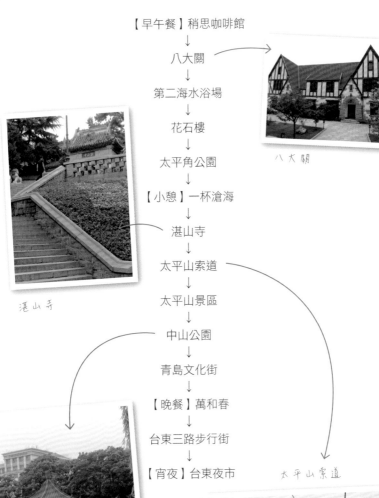

八大關

湛山寺

中山公園

太平山索道

學苑書店

音樂廣場
↓
五四廣場
↓
奧林匹克帆船中心
↓
情人壩
↓
學苑書店 →
↓
青島咖啡茶藝街
↓
【小憩】可兒咖啡館
↓
【午餐】船歌魚水餃 or 俏膠東
↓
不是書店
↓
時光印記活字印刷
↓
蛋花咖啡館
↓
【晚餐】老轉村山東菜館 or
老轉村 China 公社

五四廣場

青島咖啡茶藝街

時光印記活字印刷

Route 5 市北區逛不膩：
昌樂路＋登州路＋台東商圈

不是書店
↓
時光印記活字印刷
↓
【小憩】蛋花咖啡館
↓
青島文化街
↓
我們書店
↓
青島啤酒廠
↓
【午餐】青島啤酒街
↓
台東三路步行街
↓
【晚餐】萬和春 or
台東八路海鮮街

青島文化街

青島啤酒廠

青島啤酒街

台東八路

PART 2

「青」便來去

① 實用資訊 —— 行前不可不知

② 入境出境 —— 簡單踏出第一步

③ 機場快線 —— 3 個方向 3 種選擇

④ 大眾運輸 —— 暢遊青島好愜意

實用資訊──
行前不可不知

　　青島市治安穩定、交通便捷、居民友善、氣候舒爽、口味接近（整體偏甜但可接受）、環境整潔（難能可貴的是廁所都堪稱乾淨），儘管物價相對偏高（幾乎與台北不相上下），但絕對稱得上「貴有所值」，是十分適合自助旅行的高度發展現代化城市。想認識除了啤酒以外的青島嗎？備好您的護照、台胞證、機票與手上這本《青島自助超簡單》，安心出發吧！

辦理簽證

　　持中華民國護照（距離有效期限 6 個月以上）的台灣居民，往來中國大陸都需辦理簡稱「台胞證」的「台灣居民往來大陸通行證」，在中國各口岸進行邊防檢查時，僅需出示台胞證即可（免用中華民國護照）。台胞證效期 5 年，類似健保卡的塑膠卡片形式，不僅可於效期內不限停留時間、不限次數進出中國大陸，也能夠向大陸邊檢機關申請自動通關服務。

　　在台灣申請台胞證最便捷的辦法，是透過經香港中國旅行社正式授權的台灣旅行社代辦，各旅行社的作業時間、簽證收費略有差異。須額外提醒的是，由於中國官方不承認中華民國護照的效力，台灣居民即便僅在中國境內轉機（未入境）都須備妥有效期限內台胞證，供中國海關查驗，否則會遭遇麻煩或甚至原機遣返！

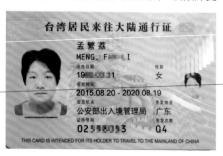

DATA

申辦台胞證須知
◎所需資料：
- 中華民國護照影本（距離有效期限6個月以上）
- 身分證正反影本
- 白底兩吋照片1張
◎注意事項：
- 有更改姓名者，需附3個月內戶籍謄本
- 有未到期的舊台胞證需附上
- 14歲以下需附戶口名簿影本

DATA

簽證通（勝達國際旅行社）
◎地址：台北市中山區長春路40號6樓之8（捷運中山站R9出口）
◎電話：25415271
◎收件時間：周一至周五 09:30～17:30
◎費用：台胞證新辦正常件（6個工作天）1,300台幣
◎網址：www.sttvisa.com
◎臉書：www.facebook.com/sttvisa
◎附註：親自送件與郵寄掛號（宅急便）方式辦理

幣值匯兌

中國大陸使用貨幣為人民幣（簡稱CNY或RMB），貨幣代號「¥」，因與日圓的代號相同，為免混淆也寫作「RMB¥」（書中為求簡略都以¥標示）。目前流通紙幣有100元、50元、20元、10元、5元、1元、5角、1角共8種；硬幣有1元、5角、1角共3種。台幣兌換人民幣的匯率約5：1（即5台幣換1人民幣），出發前請先在台灣各銀行、郵局兌換。一般而言，青島的大型餐館與商店都可使用信用卡，但也有部分商店只接受中國大陸發行的銀聯卡或現金，建議盡量先在台換好足額人民幣，再攜帶少量美金現鈔，以備不時之需。

氣候概況

瀕臨黃海的青島，兼具溫帶季風與海洋氣候的特質，平均氣溫較同緯度偏高，屬變幻莫測的灣區氣候。青島四季分明，春季逐漸回暖（3至5月均溫攝氏5、11.7、16.9）、夏季偏熱多雨（6至8月均溫攝氏20.1、24.7、25.4）、秋季逐步降溫（9至11月均溫攝氏22.3、15.7、9.1）、冬季晴朗乾燥

（12至2月均溫攝氏7、0.1、2），5至10月是全年最適宜旅遊的時間。此外，春夏交接時期午後霧氣濃、溼氣高，市內經常吹起涼爽海風，氣溫較平度、濰坊等周邊城市低。

電壓插座

中國大陸民生用電的電壓為 220 伏特（台灣 110 伏特），插座則主要有「雙孔圓形」、「三孔扁腳」兩款，部分酒店的浴室內設有 110 伏特、台灣慣用的「兩片扁腳」插座。使用自備電器時，請注意電壓轉換（多數手機與筆電的充電器都具備變壓功能），建議攜帶旅行萬用插座，以備不時之需。

公眾假期

中國大陸實行周休二日，國定假日包括：新年、春節、清明節、勞動節、端午節、中秋節、國慶節等，另有給與部分公民（如：婦女、兒童、青年、

軍人、少數民族）的個別假日。整
體而言，多數商店與餐館於假期都
繼續營業，唯部分私營商鋪會於農
曆春節休息，年節造訪前請先致電
詢問，以免向隅。

國定假日

節日	日期	放假天數	對象
新年	1月1日	1天	全體
春節	農曆正月初一、初二、初三	3天	全體
婦女節	3月8日	半天	婦女
清明節	冬至後106天，即4月4、5或6日	1天	全體
勞動節	5月1日	1天	全體
青年節	5月4日	半天	15周歲以上青年
兒童節	6月1日	1天	15周歲以下兒童
端午節	農曆五月初五	1天	全體
中國人民解放軍建軍紀念日	8月1日	半天	現役軍人
中秋節	農曆八月十五	1天	全體
國慶節	10月1日、2日、3日	3天	全體

島城活動

活動	時間	簡介	地點
蘿蔔會	農曆正月初九至十五	現與元宵會、糖球會一起舉辦，是青島最熱鬧廟會活動，現場有蘿蔔雕刻大賽與各式民俗表演。	青島文化街昌樂路
糖球會	農曆正月十六至十八	每年超過 60 萬人參與，糖球造型大賽噱頭十足，與會民眾都會高舉一串鮮紅糖球，期盼來年火紅。	海雲庵海雲街 1 號
櫻花節	4 月中旬至 5 月上旬	德日占領期間開始種植櫻花，養成市民賞櫻傳統，春季不僅櫻花，桃花、海棠也盛開，美不勝收。	中山公園
嶗山花季	5 月中旬	巨峰遊覽區的山腳至山谷間的杜鵑滿開。	嶗山巨峰
青島國際啤酒節	8 月第二個周末至月底	青島最知名的節日，共為期 16 日，開閉幕當日有大型儀式和表演，期間可品嘗來自世界各地的啤酒，唯價格是平常的數倍。	青島國際啤酒城
賞紅葉	10 月中旬	欣賞嘉峪關路楓葉與居庸關路銀杏的最佳時機。	八大關

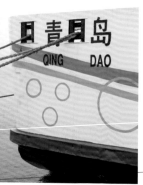

營業時間

單位	開門	關門	附註
公營景點	09:00	17:00 ～ 18:00	關門前 45 分停止售票
博物館	09:00	17:00 ～ 18:00	部分周一休館
咖啡館	10:00 ～ 11:00	21:00	部分提早至 18:00 關門
餐館	10:00	22:00	多數不午休但可能缺菜
啤酒屋、大排檔	18:00	02:00	
一般商家	10:00	22:00	
銀行（周一至五）	09:00	17:00	12:00 ～ 13:30 休息
銀行（周六）	09:30	16:00	周日休
郵局	09:00	17:00	周六、日照常營業

網路服務

　　青島市內的酒店、旅館與餐廳多有提供免費 Wi-Fi，對非重度成癮的網路使用者而言，已相當夠用。比較麻煩的是，中國政府現仍透過「防火長城」（GFW）系統，將有疑慮的網站封鎖，台灣網友經常造訪的 Facebook、Twitter、Google+、YouTube、Blogger 都在「被牆」的屏蔽名單，絕大多數港台新聞媒體網站也都無法點閱。

　　中華電信、遠傳、台哥大等電信商皆有推出網路漫遊 4G 吃到飽服務，收費標準如下：單日 399 元、3 日 999 元、5 日 1599 元，使用這類服務既可無限制地安心使用，亦能免去遭 GFW 封鎖（不能使用臉書、無法收發 Gmail）的麻煩。若覺得台灣電信商的網路漫遊收費偏高，又有較少量網路使用需求，不妨可在台購買「中港數據快線」、「Citimobi 中國上網卡」一類 4G 網路預付卡，以 15 天（自啟用當日計算）3GB 為例，單張定價台幣 1,050 元（網購價約在 900 ～ 1,000 元間）。除了即買即用、免填資料免登記、價格尚可接受等優勢，更不受 GFW 控制，只是根據筆者在青島市區的實測經驗，網路速度與流量並不穩定，時慢時卡時斷線，相當考驗耐性。

　　雖然也可於抵達青島後，至「中國聯通」、「中國移動」或「中國電信」的經銷商購買電話卡，唯此類網路同樣被 GFW 監控，加上目前購卡採實名制（需要登記個人資料）與得先支付破百人民幣預付金（雖可扣抵每月費用，但要一年內經常使用才划算），以觀光客而言相對不實用。如果近期沒有多次前往中國，也無長時間居留的打算，建議用量小者購買「中港數據快線」預付卡（配合旅館免費 Wi-Fi），用量大者則以台灣電信商提供的單日吃到飽較理想。

網站資訊

　　青島旅遊資源豐富，景點密集、交通便利、環境安全，十分適合自助旅行。除參考旅遊書，網路也有許多以青島為主題的網站與貼文，不僅能作為安排行程的參考，亦可減少誤觸地雷或重蹈覆轍的麻煩，唯查詢時請留意網路資訊的時效性，避免遭遇「餐廳關門大吉」、「景點正在翻修」、

「店家搬離舊址」等撲空遺憾。抵達青島後，不妨至路邊書報攤購買一份 ¥10 的「青島交通旅遊圖」，可輕鬆查找道路與公交路線、站牌位置等，與百度地圖搭配使用效果更佳。

青島旅遊官網
◎ 網址：www.qdta.cn:18089/qingdao
◎ 簡介：景點推薦、一日路線、住宿購物、旅遊資訊、經驗分享等即時訊息

百度旅遊——青島
◎ 網址：lvyou.baidu.com/qingdao
◎ 簡介：內含旅遊攻略、遊記分享、照片圖庫、行程路線、門票信息等資訊

大眾點評——青島
◎ 網址：www.dianping.com/qingdao
◎ 簡介：提供餐廳評論、線上訂位、優惠情報等，累積詳細食評與用餐照，很具參考價值

半島網
◎ 網址：www.bandao.cn
◎ 簡介：青島即時新聞、專題報導，也有關於青島文史的深入文章

百度地圖
◎ 網址：map.baidu.com
◎ 簡介：輸入店名、地名等資訊就可顯示所在位置，亦有街景服務。相對 Google Map，百度地圖在中國的準確率更高

行李清單

- **文件**：中華民國護照（距離有效期限 6 個月以上）、台胞證（距離有效期限 2 個月以上）、機票（列印紙本）、證照（護照、台胞證）影本、證照用照片兩張。
- **金錢**：現金（人民幣、美金、台幣）、信用卡。
- **資料**：旅遊書、筆記本、地圖、原子筆。
- **3C**：手機（電池、充電器）、相機（電池、充電器、記憶卡）、平板或筆記型電腦（電池、充電器）、旅行萬用插座。

- **藥品**：感冒藥、腹瀉藥、腸胃藥、頭痛藥、OK 繃、口罩等（按個人需求準備）。
- **備品**：保養品（保溼乳、防晒乳、護唇膏）、環保筷、鋼杯、衛生紙、面紙、溼紙巾、酒精棉片（消毒用）、摺疊傘、太陽眼鏡、遮陽帽、盥洗用具、瑞士刀、衛生用品（刮鬍刀、衛生棉、衛生護墊）、涼鞋（拖鞋）。
- **衣物**：以好洗易乾為挑選考量。
- **隨身包**：建議使用拉鍊開關、材質堅固輕薄、多層分隔收納的側斜兩用背包，外出時將包包置於身前，不僅便於拿取，也免扒手覬覦。搭機當日，請務必將超過 100ml 的液體（包括：水、已開或未開封包裝飲料、醬菜、味噌、瓶裝海產品、優酪乳、罐頭、果凍、牙膏、洗髮精等濃稠或膏狀物）與尖銳刀具（包括：瑞士刀、指甲刀等）取出，置入託運行李內，否則都會在安全檢查時遭到丟棄！
- **大背包**：首重防水耐用（縫線緊密牢固、布料耐磨耐刮），設計合乎人體工學（久背不易腰痠背痛），其中又以可擴充容量的更佳。
- **行李箱**：耐撞防壓的硬殼行李箱最合適，可挑選輕巧、好操作（拉鍊滑順、輪子靈活、鎖頭牢靠）的款式。

重要電話

- **公安報警**：110
- **火警報案**：119
- **醫療急救**：120
- **交通意外**：122
- **海上求救**：12395
- **火車站諮詢電話**：95105175
- **火車站訂票電話**：95105105
- **青島民航機場問訊處**：96567
- **青島市立醫院**：88905062
- **青島市旅遊服務熱線**：12301
- **青島市旅遊投訴電話**：市南區 85812345、嶗山區 88996200
- **青島市出租車投訴電話**：82717777
- **青島市人民政府台灣事務辦公室**：85912603、85912693

入境出境──
簡單踏出第一步

青島流亭國際機場（IATA 代碼 TAO）位於青島市北，距離棧橋約 30 公里，為山東省吞吐量最大的機場。流亭機場不僅國內航點遍布，亦有飛往首爾、沖繩、香港、台北、曼谷、東京、新加坡、舊金山、法蘭克福等國際航班，台灣桃園機場目前由華航、立榮、山東航空、中國東方航空經營直飛業務，每家航空公司每周約二到三班，飛行時間約 2.5 小時。

青島流亭國際機場
◎ 電話：96567
◎ 官網：www.qdairport.com
◎ 簡介：提供航班訊息（即時出發、抵達、轉機航班）、搭機流程、機場轉乘（機場快線、出租車）、旅客須知、長途客運（至日照、濰坊、高密、煙台、威海等）等詳盡資訊

入境流程

下機 → 邊防檢查（台胞證、免護照）→ 提取行李 → 海關檢查（免申報者請走綠色通道）
→ 一樓到達廳 → 選擇進入市區交通工具（機場快線 ¥20／人、出租車 ¥70 ～ ¥90／車）

流亭機場的國際航班並不密集，可快速完成邊防檢查。在轉盤提領託運行李後，依指標通過海關閘口，免申報者請走綠色通道，要申報者則需持填寫完成的申報單走紅色通道，辦理進一步手續。根據中國海關法規定，需申報的事項包括：攜帶超過 20,000 人民幣現鈔（或折合超過 5,000 美金外幣現鈔）、超過 1,500 毫升濃度 12% 的酒精飲料、超過 400 支香菸等，除非刻意攜帶，否則一般遊客其實不易超過。步出到達廳，循指示步行約 5 分鐘即見機場快線乘車處（售票櫃台位在國內線到達廳內），旅客可按照預訂酒店的位置，挑選最接近的路線搭乘。

出境流程

選擇前往機場交通工具（機場快線 ¥20 ／人、出租車 ¥70 ～ ¥90 ／車）→
二樓出發廳 → 辦理登機（行李託運）→ 邊防檢查（台胞證、免護照）→
安全檢查 → 候機室 → 登機

　　離境當日，除至少提前兩小時到機場辦理登機手續，也務必記得把超過 100ml 的液體物品放入託運行李中，否則將因無法攜帶上機，而在安全檢查時遭到丟棄！此外，不能手提上機的液體，除了酒（無論有無拆封皆不行）、有液體內容物的瓶裝水飲料（空的水瓶或水壺不在此限），也包括醬菜、味噌、瓶裝海產品、優酪乳、罐頭、果凍、牙膏、洗髮精等濃稠或膏狀物。為免讓精挑細選的伴手禮變成海關的沒收品，造成令自己扼腕的遺憾，請將上述提醒謹記在心。需格外注意的是，中國海關的登機前安檢一向嚴格仔細，不只需將筆電、雨傘另外取出，也會進行徹底的全身搜查，過程相對耗時悶熱，得有心理準備。

機場快線──
3 個方向 3 種選擇

　　青島流亭國際機場與青島市區間有三條機場快線巴士連結，分別為中線 701、西線 702 與東線 703，車程約 1 小時至 1 小時 10 分。機場快線採統一票價 ¥20，701、702 每半小時一班、703 每小時一班，機場端會配合班機到達流水發車，旺季時也常視情形機動加開班次。對觀光客而言，最可能搭乘的應屬縱貫老城區，途經科技街（台東）、航空快線酒店（中山路）至青島火車站的 702。由於機場快線的站點與站點間距離較遠，建議出發前先確認預訂酒店與下車站點的相對位置，到站後再搭配出租車接駁，避免拖行李找路的麻煩。

　　別於價格透明的機場快線，出租車顯得相對「人治」，儘管按規定跳表計費的司機所在多有，但仍有部分採取喊價方式。在此提供由機場到各主要景點的參考價位，作為乘車前的參考基準：至青島火車站 32 公里，收費 ¥68；至棧橋 33 公里，收費 ¥70；至八大關 35 公里，收費 ¥75；至台東商圈（台東三路步行街）34 公里，收費 ¥72；至五四廣場 34 公里，收費 ¥72；至中山公園 34 公里，收費 ¥72；至石老人（啤酒城）

29公里，收費¥61。夜間（22:00～05:00）費用會提高10%～20%。就C/P值而言，三位以上同行可選擇搭乘出租車，價格在¥70～¥90都算合理，切記上車前將計價方式（跳表或喊價）談妥，減少乘車糾紛的可能。

青岛市旅客运输发票

发票联

发票代码137021568402

发票号码19673033

为机场　　　　　火车站

19673033 开票人

乘车日期	发车时间	驾驶员	车牌号	
16-06-17	1600	110 370212 鲁BQ2662	0175	
车辆车型/等级/类别		座位号	客票类别	执行票价
字			成人票	20.000

限乘当日当次汽车有效，手开无效。

机场巴士②号线

航空快线酒店中山路店

机场 → 青岛机场

发车时间：

早 — —晚

（每 时一班）

售票地点：

邂逅国际青旅 → 前

航空快线酒店 → 台

服务热线 84806788

宾馆 Hotel 82892333

机场巴士2号线

机场 ← 航空快线酒店

国际青年

International

航旅

HOSTELLING INTERNATIONAL

国际

品 川发

機場快線資訊

路線	起訖點	票價	營運時間（機場端）	營運時間（市區端）
701	流亭國際機場 海航萬邦中心	¥20	07:30 至航班結束	05:10、05:55 ～ 20:55 每半小時一班
站點	流亭國際機場→汽車東站北門→小埠東→浮新醫院→洪山坡小區→廣電大廈→福州南路→浮山所→海航萬邦中心			
702	流亭國際機場 青島火車站	¥20	07:15 ～ 23:45 每半小時一班	05:30、06:30 ～ 20:30 每半小時一班
站點	流亭國際機場→瑞昌路→小村庄→四方長途站→華陽路→科技街（頤高數碼廣場）→市立醫院→航空快線酒店（中山路）→青島火車站（廣西路）1			
703	流亭國際機場 世紀文華酒店	¥20	07:20 ～ 18:20 每小時一班	06:00、06:45 ～ 16:45 每小時一班
站點	流亭國際機場→汽車東站→同安路→仙霞嶺路→會展中心→索菲亞大酒店（香港東路）→世紀文華酒店			

1 往流亭國際機場方向的 702 乘車站位在「青島火車站（蘭山路）」。

大眾運輸——
暢遊青島好愜意

　　網絡完善的公交、穿梭城市的出租車、陸續通車的地鐵、串聯省內與省外的長途汽車、溝通全國的鐵路與觀光成分高於運輸功能的渡輪……青島的大眾運輸系統綿密便利，整體以公交為主力，穿梭於市內巷道，搭配出租車與地鐵，幾乎哪兒都到得了。2010年推出的電子票證系統「琴島通」，不僅搭車轉乘享優惠、購物付款免找零，還能在北京等數十個城市通用，廣泛更勝台北悠遊卡，堪稱訪青島必備的萬事通！

琴島通——乘車購物百事通

　　自詡「一卡多用、一卡多通」的琴島通卡（以下簡稱琴島通），2010年面市，功能與台灣常見的悠遊卡相仿，為涵蓋公共運輸（公交、地鐵、渡輪、部分出租車）、公營事業繳費（停車費、ETC、水費、天然氣費）與小額消費（新華書店、便利商店、餐飲娛樂）的多用途卡。值得一提的是，琴島通不僅暢行於即墨、平度一類周邊城市與同屬山東省的煙台、日照、濰坊等，更和北京、天津、河北、江蘇、陝西、安徽、福建、吉林、內蒙古

等省（直轄市、自治區）的 24 個城市相互聯通，簡單地說，就是在北京搭乘地鐵也可直接刷琴島通入站。

琴島通有普通卡、特種卡（學生、老年、殘疾人）與紀念卡、異形卡、個性卡等款式，均需至各服務據點網買，遊客最常使用的普通卡採「賣斷」方式銷售，每張定價 ¥20（純工本費、不含儲值金），保固一年、無記名、不可掛失，儲值金額以 ¥10 為單位（就純搭車而言，儲值 ¥30 已相當夠用），最高不可超過 ¥1,000，若發生故障、毀損造成無法使用，可就近至青島市內的琴島通服務據點現場處理。退費方面，現階段僅「敦化路客服網點」開放辦理，儲值金 ¥50 以下當場退還，超過則暫無辦法。由於可儲值的地點多（琴島通服務據點＋交通銀行各支行＋ 24 小時便利商店）且方便，建議一次存入百元以下就好，即使遺失或無暇退款也數目有限。

除免去掏錢找零的麻煩，使用琴島通亦可享受多項乘車優惠，包括：搭乘公交 8 折（即墨市 9 折、其餘無）、地鐵按累積消費金額給與 7 ～ 9 折、一小時內轉乘優惠（單趟最高折扣 ¥1）等。須留意的是，儘管卡片通行範圍廣，但在青島以外的城市使用時，就恢復為純支付的無優惠狀態，也就是說，琴島通無法享受日照通在日照所有的折扣，以此類推。

Data
琴島通
◎ 服務網點：僅列出鄰近旅遊景點或交通便利者，其餘見官網
　· 西鎮客服網點：范縣路 7 號、公交 2 路總站（近青島火車站）
　· 大窯溝客服網點：館陶路 1 號、公交 211 總站旁（近德國風情街）
　· 湖北客服網點：安徽路 14 號位置附近、公交 1 路總站旁（往北湖北路即見）
　· 中山公園客服網點：武昌路 5 號、公交 6 路總站旁（近中山公園）
　· 敦化路客服網點：敦化路 26 號、公交敦化路小學站
◎ 時間：
　· 周間 07:15 ～ 18:00（敦化路客服網點 08:00 ～ 17:00）
　· 假日 08:00 ～ 16:00
◎ 官網：www.qdtcn.com

公交──四通八達好伙伴

　　青島市區的公交路線由青島公交集團（簡稱青島巴士）、交運集團（統稱溫馨巴士）與青島真情巴士集團（簡稱真情巴士）三家共同營運，票價按車種有所差異：普通車 ¥1、空調車 ¥2（指夏冬兩季有開空調時，春秋未開空調則為 ¥1）、隧道路線不論有無空調皆為 ¥2、機場專線 ¥20、由市區開往嶗山等地的有人售票長途車則在 ¥3 左右，使用琴島通付費均享 8 折優待（售票員手持琴島通感應器收費）。編號方面，各組百位數字象徵不同的服務範圍，其中 100 以內為市區基礎線（2、5、30 屬無軌電車）、7 ○○是機場快線、隧道○路為經過膠州灣隧道（連接青島與黃島間）的路線、都市觀光○線則是自青島火車站附近發出的都市觀光雙層巴士。

由於地勢高低起伏，青島少見自行車，機車數量也不算太多（以快遞員和中年以下族群騎乘的電動機車為主流），穿梭大街小巷的公交成為市內代步的主要工具。青島公交大部分屬無人售票，車體乾淨新穎，非尖峰時間人流有限，乘坐堪稱舒適。需留意的是，站與站間通常距離較遠，且不少車次（主要為環線車）因行經單行道，導致常有馬路的對面沒有返程站牌的情況（對向乘車處可能位在平行的另一條路上）。鑑於青島的主幹道十分綿長，如果附近沒有顯眼的建築物或景點，往往以幹道的名稱作為站名，所以同樣是福州路站，可能是福州路的南端、北端或東端、西端，為求保險，上車前可向司機確認是否行經欲前往的地點，以免東西南北苦奔波。

每逢 4 到 10 月旅遊旺季（尤其是人潮最洶湧的 7、8 月和五一、十一大假），擁擠的公交車廂就成為扒手眼中的肥羊，作為旅遊城市的青島自

然無法倖免。針對此點，不僅自身要時時提高警覺，也不妨留意公交駕駛善意的「廢話」（反覆喊投幣或往裡走）與刻意的「煞車」（藉此破壞正在作案的第三隻手），盡量輕裝便捷、謹記財（手機）不露白，就能減少遭人覬覦的可能。最後，駛入青島老城區（中山路與火車站周邊）的公交均行經區內的主要景點，包括：棧橋、魯迅公園、天后宮、中山公園、八大關等，十分便利。如需前往較遠的嶗山區一帶，可搭乘都市觀光 1 線、104 或 304，就可輕鬆遊覽青島名勝。前往各景點的乘車路線細目，請見「PART 3 尚『青』景點」的交通資訊欄位。

　　一般而言，青島公交均為「前門上車刷卡（投錢）、後門下車」的模式，車上都有預報車站服務，每站（不需按下車鈴）都會停車開前後門，即使初來乍到也能迅速適應。附帶一提，有時因前門擁擠或追趕不及，人們會從後門上車，此時無法親自到前門刷卡（投錢）的乘客便很自然地喊出：「幫忙遞一下！」素不相識的乘客就會自動將其琴島通以接力的方式傳至前門刷卡付費，很有人情味。

DATA
青島公交查詢
◎ 網址：qingdao.8684.cn
◎ 簡介：提供青島公交換乘、路線與站點相關資訊，只需以簡體字輸入出發地、目的地、到站點或公交編號即可查詢，屬直覺式操作，簡單明瞭

行經景點路線摘要

路線	起訖點	班距	票價
都市觀光 1 線	青島火車站	每小時一班、整點發車旺季機動加開班次	24 小時通票 30 元、單次 10 元
	大河東停車場		
站點	青島火車站、棧橋、魯迅公園（海底世界）、一療（八大關）、五四廣場、奧帆基地、銀海遊艇俱樂部、極地海洋世界、石老人海水浴場、大河東停車場（嶗山）		
都市觀光 3 環行線	青島火車站	每日兩班、發車時間 19:00、21:00	24 小時通票 30 元、單次 10 元
	奧帆基地		
站點	青島火車站、天主教堂（中國劇院）、德國風情街、台東步行街、奧帆基地、五四廣場、（第一）海水浴場、棧橋、青島火車站		
6	天泰體育場	04:40 ～ 22:45	無人售票、投幣 1 元、琴島通普卡 8 折優惠
	泰山路	05:05 ～ 23:10	
站點	中山公園、（第一）海水浴場、魯迅公園（海底世界）、大學路、棧橋、中國劇院（中山路）		
26	南京路	04:35 ～ 22:30	無人售票、投幣 1 元、琴島通普卡 8 折優惠
	青島火車站	05:00 ～ 23:00	
站點	浮山所、湛山、武勝關路（八大關）、中山公園、（第一）海水浴場、魯迅公園（海底世界）、大學路、棧橋、青島火車站		

路線	起訖點	班距	票價
104	台東（威海路）	04:50 ～ 18:40	人工售票、全程 3.5 元、琴島通普卡 8 折優惠
	流清河	06:08 ～ 19:58	
站點	台東、湛山、浮山所、高雄路、王家麥島（極地海洋世界）、青島大劇院、石老人、大河東客服中心（嶗山）		
202 環行	社會福利院	05:35 ～ 21:25	無人售票、投幣 1 元、琴島通普卡 8 折優惠
	社會福利院		
站點	湛山、武勝關路（八大關）、中山公園、（第一）海水浴場、魯迅公園（海底世界）、大學路、棧橋、青島火車站		
222	麥島路停車場	05:15 ～ 21:30	無人售票、季節性票價、琴島通普卡 8 折優惠
	大窯溝	06:05 ～ 22:20	
站點	高雄路、書城（明閱島 24 小時書店）、閩江二路、台東、館陶路（德國風情街）		
301	輪渡	05:20 ～ 20:00	人工售票、全程 3.5 元、琴島通普卡 8 折優惠
	南沙路	06:10 ～ 20:30	
站點	青島火車站、棧橋、中山路、台東、王家麥島（極地海洋世界）、青島大劇院、石老人		
304	輪渡	05:50 ～ 18:30	人工售票、全程 6 元、琴島通普卡 8 折優惠
	流清河	06:30 ～ 20:00	
站點	青島火車站、棧橋、魯迅公園（海底世界）、（第一）海水浴場、中山公園、武勝關路（八大關）、浮山所、王家麥島（極地海洋世界）、青島大劇院、石老人、大河東客服中心（嶗山）		
312 區間	汽車東站	05:30 ～ 20:30	無人售票、投幣 1 元、琴島通普卡 8 折優惠
	輪渡	06:30 ～ 21:30	
站點	汽車東站、國信體育館南門（如是書店）、浮山所、武勝關路（八大關）、中山公園、（第一）海水浴場、魯迅公園（海底世界）、大學路、棧橋、青島火車站、團島		

出租車——便利的選擇

青島出租車首 3 公里起步價 ¥9，其後每公里 ¥1.4（500公尺跳表一次），時速低於每小時 12 公里累計 5 分鐘收取 1公里租價，總里程超過 6 公里時每公里 ¥2.1；夜間（22:00 ～ 05:00）首 2 公里起步價 ¥9，其後每公里 ¥1.8，總里程超過 6 公里時每公里 ¥2.5，長途再加收一定比例的空車費。如遇塞車等情形，乘客可依據狀況選擇下車（禁止車輛停車上下客的路段除外），駕駛員不得拒絕。

　　青島市區範圍不大，老城區著名景點距離在方圓 2 公里範圍內，搭乘出租車一般不超過 ¥10，其餘至八大關、台東商圈（台東三路步行街）約 ¥15，到奧帆基地 ¥25、嶗山區石老人海水浴場 ¥45，由機場至市區（約 23 公里）則在 ¥80 上下。須留意的是，由於出租車不能跨區營業，在機場乘車欲入青島市區時，請務必乘坐「銀白色車頂」的青島市出租車，其他顏色的車輛只能在城陽區、嶗山區或其他縣級城市行駛，無法駛進市區。儘管收費名目清晰、規範限制嚴格，卻仍難免有不照章行事的違規情事，其中最易見的不外拒載、繞路與推銷行程。一如所有「打車難、難打車」的中國現代化城市，青島同樣存在拒載問題，導致這種現象主要有兩項原因，一是省麻煩：上班尖峰時間（07:00 ～ 08:30）不載、短距離不載、換班時間不載；二是挑客人：只載遠程且接受喊價非跳表的「好買賣」。至於繞路，除了少數想趁機多賺車資，也有部分是因市區的單行道使然，所以不盡然兜圈子就是遇上不肖司機。談到最令觀光客無奈的推銷行程，幾乎是人人都會遇到的「常態」，從海底世界、百元遊嶗山到快艇遊海岸，景點五花八門、開價琳瑯滿目，若無意上鉤，請堅定微笑婉拒或表明已經去過即可。整體而言，青島的出租車較北京、上海等一線大都市好攔許多，一般幾乎隨招隨有、照表收費，唯換班時間攔車相較艱難（擋風玻璃內顯示牌由紅色的「空車」轉為綠色的「暫停」），請盡量避開下午五點前後「打車」。

　　近年，中國最大叫車 App「滴滴出行」在青島大行其道，為拓展市場佔有率，提供相當優惠的計價方式，當地不少人改用「滴滴」叫車，導致出租車生意受到不小衝擊。與台灣計程車和 Uber 的矛盾關係類似，青島出租車和「滴滴」多有摩擦，甚至為此發起全城罷工（筆者到達青島首日恰巧躬逢其盛，機場一台計程車也沒有，徹底程度令人咋舌），卻仍無法遏止「滴滴」日益發達的趨勢。由於「滴滴」需透過手機聯繫與扣款，觀光

客相對較難利用，加上「滴滴」車況有好有壞且不一定比較便宜（筆者實測經驗是，「滴滴」司機偏好走快速道路，里程累積更快），建議還是以明碼實價的出租車為主。

地鐵——網狀藍圖落實中

　　青島地鐵系統早在 1994 年展開評估，期間一度因國家政策轉變停滯，直至 2009 年 11 月才再度啟動，遠期規劃設置 16 條路線，現有 5 段展開工程。2016 年底第一條路線——3 號線「青島北站↔青島站」已投入營運，預計 2017 年 2 號線部分（泰山路站↔李村公園站，行經台東、五四廣場、浮山所、石老人浴場）也可上線載客。目前全線完工的 3 號線，全長 25 公里，站與站平均間距 1.2 公里，貫穿青島市南區、市北區、崂山區和李滄區，其中「青島站↔江西路站」一段行經多個市區景點與交通要道，十分適合初來乍到的遊客。須留意的是，由於青島鐵路正值陸續通車期，文中所標明的車站可能尚未通車或更改站名，建議出發前先透過網路查詢現況，以便有效利用。

　　地鐵採里程分段計價：起步里程 5 公里，起步價 ¥2；5 ～ 10 公里，票價 ¥3；10 ～ 17 公里，票價 ¥4；17 ～ 27 公里，票價 ¥5；27 ～ 38 公里，票價 ¥6；38 公里以上，票價每加 ¥1 可乘 20 公里，站內不得停留超過 2 小時。使用琴島通乘坐青島地鐵，同樣可享有優惠，唯並非以次而是以月為單位計算，即 ¥100 以下與 ¥300 以上每筆消費 9 折、¥100 ～ ¥200 每筆消費 8 折、¥200 ～ ¥300 每筆消費 7 折，計算方式相對複雜。

地鐵 3 號線車站／景點對照表

地鐵站	周邊景點
青島站	青島火車站、棧橋、青島郵電博物館、青島文學館、浙江路天主堂、中山路商圈、劈柴院美食街
人民會堂站	青島郵電博物館、棧橋、膠澳總督府舊址、迎賓館、老舍故居、江蘇路基督教堂、信號山公園、天后宮、青島德國監獄舊址博物館、小魚山公園、第一海水浴場、魯迅公園、海軍博物館、小青島
匯泉廣場站	小魚山公園、第一海水浴場、康有為故居、洪深故居、沈從文故居
中山公園站	中山公園、青島山公園、八大關、第二海水浴場
太平角公園站	太平角公園、第二海水浴場、八大關、湛山寺
延安三路站	湛山寺
五四廣場站	五四廣場、音樂廣場、奧林匹克帆船中心、情人壩
江西路站	青島咖啡茶藝街

青島地鐵
◎ 網址：www.qd-metro.com
◎ 簡介：提供地鐵營運時間、通車狀況、
　　　　路線簡介、計價方式、乘客須
　　　　知等相關資訊

長途汽車──朝發夕至跨省市

　　青島市內共有 8 座長途汽車站，全部隸屬青島交運集團，以青島長途汽車站（簡稱四方站）規模最大，擁有通往北京、天津、上海、江蘇、河南、安徽、河北、湖北、山西、陝西、吉林、福建、內蒙古與山東境內濟南、煙台、日照、曲阜、濰坊、威海、棗庄、即墨等各城市的 200 多個班次、日發超過 2,000 車次；其餘汽車北站（重慶北路 59 號）、汽車東站（深圳路 163 號）、滄口汽車站（重慶中路 513 號）、海泊河汽車站（杭州支路 2 號甲）、利津路汽車站（利津 30 號）、館陶路汽車站（館陶路 36

號）、青島火車站旅遊汽車站（單縣支路1號），則是連結青島周邊市縣為主，輔以發往他省班車，唯班次密度與選擇皆不及四方站。

最常利用的四方站地處青島市北區，離青島火車站約8公里，與台東三路步行街相距約4公里，車站設備新穎、廁所窗明几淨。長途車票可至現場購買或透過網路預訂，由於後者須提供身分證號、銀聯卡或支付寶給付車資等手續，非中國籍旅客可能無法使用。若已確定行程且時間允許，不妨親身至車站購票，非連續假期等超熱門時段，大多可順利買到合意的車票。如果覺得四方站距離市中心較遠，且欲前往的地點為煙台（里程265公里、車程3小時、票價¥83）、威海（里程310公里、車程4小時、票價¥100）、濟南（里程365公里、車程4.5小時、票價¥109）等城市，亦可考慮自青島火車站旅遊汽車站與鄰近德國風情街的館陶路汽車站出發，詳細時刻表與票價請參考售票網。

 青島長途汽車站（四方站）
◎ 地址：溫州路2號
◎ 電話：4006916916
◎ 交通：
　‧ 公交四方長途站：新區旅遊專線L2路、臨2路、隧道4路、隧道8路、20、126、209、210、221、303、326、365、366、372、373、413、607
　‧ 公交四方火車站：215、413
◎ 售票網：ticket.qdjyjt.com

青島汽車時刻表
◎ 網址：qiche.cncn.com/changtu-%C7%E0%B5%BA
◎ 簡介：點選欲前往的目的地（城鎮或景區），即表列所有由青島市至該處的發車車站、發車時間、里程數、車型、票價、時間等

平度 Pingdu 31 km
东营 Dongying 197 km
北京 Beijing 588 km

鐵路──舒適便捷、暢行無阻

　　青島火車站位於膠濟鐵路東端，屬中國最高等級的特等站，設有兩座售票亭（東售票亭 24 小時服務、西售票亭 07:00～19:00）。每天有發往濟南、泰山、煙台、威海、北京、上海、西安、蘭州、廣州、成都、太原、丹東、通化等多班車次，除至淄博、威海、煙台方向，其餘均有停靠省府濟南。目前行經青島的列車按速度快慢有高鐵（G）、動車（D）、特快（T）、快速（K）與普快五類。以青島至濟南為例，高鐵最快需時 2 小時 23 分，票價二等軟座約 ¥120（類同台灣高鐵普通車廂）、一等軟座約 ¥150（類同台灣高鐵商務艙）；動車最快需時 2 小時 36 分，票價二等軟座約 ¥120、一等軟座約 ¥145；特快車需時 5 小時 15 分，票價硬座 ¥54.5、硬臥下層 ¥108.5、軟臥下層 ¥161.5；快速車需時 5 到 6 小時，票價與 T 相同。整體而言，G 與 D 相近、T 與 K 類似，唯因停站多寡、起訖點不同而影響行車時間，購買車票前可先至中國鐵路官網「12306」或「攜程網」查詢班表，挑選最配合行程與預算的理想車次。

　　為紓解青島火車站的運輸重擔，位居李滄區的青島北站於 2014 年啟用，是集鐵路、地鐵、長途客運、公交與出租車於一體的重要樞紐轉乘站。目前一部分由青島至濟南、北京的動車組及火車線路轉移至北站，主要往返瀋陽、哈爾濱、長春、延吉等北方城市。雖然新建的青島北站占地廣闊、規劃完善、設備新穎，唯聯外交通仍遜於老字號的青島火車站，對活動範圍以青島南、老城區為主的遊客來說，利用機會頗為有限。

　　購票方面，中國火車班次雖密，但搭乘的旅客更多，平日尚且人潮洶湧，每逢假日更是擠爆車站，若已確定行程，建議提早透過網路訂票（可預訂即日起 60 天內的車票），避免遇上人到現場但車票售罄的窘境。須留意的是，目前在中國採取「實名制」，買火車票時就需出示身分證件（台灣人則是台胞證），車票上會註記姓名、證件號碼兩項資訊，上車前還會再次核對，若名實不符就無法搭乘。也就是說，如果是用王小華的身分證登記買火車票，票面上就會列印王小華的姓名與證件號碼，搭車者也必須是王小華本人。

　　托網路便利之福，台灣人（非中國籍者）不用再像過去得到車站大排長龍碰運氣，也可透過網路預訂火車票。訂票管道主要有「12306」與「攜程網」兩個平台，前者省錢但麻煩，後者稍貴但便利。最大的差別是，「攜程網」可以使用信用卡（非中國的信用卡亦可）付款，而「12306」卻只接受中國發行的銀聯卡或支付寶（不能使用國外信用卡），對外國人而言相對麻煩。由於筆者沒有銀聯卡，於是選擇透過「攜程網」訂票，就個人使用經驗，網站設計清晰簡明、操作方便，每張票收取 ¥20 預訂費也在可接受範圍（唯需額外支付總金額 3% 境外信用卡服務費金額）。完成付款，便會收到寫有「車票領取號碼（取票號）」的購票成功通知信，最遲得在發車時間 30 分鐘前持購票時登記的身分證件（台胞證）、車票領取號碼（E 開頭訂單號）至火車站售票口排隊取票，取異地發車的車票（即在青島車站取非青島車站發車的火車票）每張額外收取 ¥5 手續費。目前台胞證因認證規格不足，尚不能透過各代售點或無人售票機領取，一定要到火車站售票口取票，由於售票口往往大排長龍，建議預留至少 1 小時的排隊時間。

DATA

12306
◎ 網址：www.12306.cn
◎ 簡介：提供全國火車時刻、餘票、車次查詢與火車票預訂

攜程網
◎ 網址：www.ctrip.com.hk
◎ 簡介：點選「高鐵」選項，輸入「出發站」、「到達站」與「出發時間」即可搜尋符合條件的鐵路班次，並直接由此預訂車票

渡輪──海上客運＋離岸觀光

80 年代中，行經膠州灣的「青島渡輪站↔黃島渡輪站」航線開通，成為兩地民眾往返的主要管道，是備受倚重的大眾化交通工具。然而，自 2011 年 6 月底膠州灣隧道及膠州灣大橋開通後，便宜迅速的陸路交通立刻取代昂貴費時的輪船，客量瞬間由 2 萬多降至一半，之後更快速萎縮。目前，「青島↔黃島」運輸渡輪平均每小時一班，營運時間 08:30 ～ 17:30，票價 ¥7、航距 3.7 海里、航程約半小時。渡輪具歷史感且較簡陋，有種時光倒流三十年的錯覺，由於耗時長、價格高（隧道線公車一趟才 ¥2），本地人已鮮少搭乘。除國內線，青島市內也曾有國際線客輪往來於日本下關，惜於 2014 年底停駛；現與韓國仁川（單程一等艙 ¥890、二等艙 ¥750，航程 15 小時）、群山（商務艙 ¥900、經濟艙 ¥767，航程 17 小時）每周各有三班，國際客運站位於新疆路 6 號。

渡輪作為交通用途外，海上觀光也相當發達，市內的友誼碼頭、飛洋遊艇碼頭、奧帆碼頭等沿海步道旁的碼頭多有提供遊覽服務，棧橋、第一海水浴場附近也常見業者招攬遊艇生意。一般而言，觀光路線大致沿著青島各海灣航行，標準路線是自西側的小港灣出發，經團島灣、青島灣、匯泉灣、太平灣至浮山灣再原路折返，需時 1.5 至 2 小時；若再加上膠州灣的全景路線，則要 2.5 到 3 小時。海上觀光的收費標準差異大，依據淡旺季、航程距離、船型新舊等，每船收費百元至上千人民幣不等，以棧橋出發的遊艇為例，往返海軍博物館 ¥100、往返魯迅公園 ¥500、往返浮山灣 ¥1,200，搭乘前請務必詢問清楚。

DATA

青島渡輪站
◎地址：四川路 21 號
◎電話：82619279
◎交通：
・地鐵青島站
・公交東平路（輪渡）：隧道 3 路、隧道 7 路、21、217
・公交輪渡：8、301、304、312、321
◎周邊：青島火車站

友誼碼頭
◎ 地址：瞿塘峽路 24 號
◎ 電話：21126263
◎ 時間：09:00 ～ 16:30
◎ 交通：
　‧ 地鐵青島站
　‧ 公交西康路站：25、202、304、312、316、321、412
　‧ 公交巫峽路站：217、305、325
◎ 周邊：八大峽廣場、飛洋遊艇碼頭、青島火車站

飛洋遊艇碼頭
◎ 位置：西陵峽路上
◎ 電話：82681815
◎ 交通：同友誼碼頭
◎ 周邊：友誼碼頭、八大峽廣場、青島火車站

奧帆碼頭
◎ 位置：清遠路奧帆中心內的浮動碼頭
◎ 交通：
　‧ 地鐵江西路站
　‧ 公交浮山所站：12、26、31、33、104、110、125、224、225、228、231、232
　‧ 公交東海路站：210、216、224、319
　‧ 公交奧帆基地站：210、231、402、504
　‧ 公交奧帆基地站（東海路）：都市觀光 3 線
　‧ 公交奧帆基地站（福州路南）：都市觀光 1 線
◎ 周邊：奧林匹克帆船中心、情人壩、五四廣場、音樂廣場、青島咖啡茶藝街

本是寧靜漁村的青島，因優越的地理位置與港口條件在 19 世紀末開始受到重視，未幾被識貨的德國相中，與清廷簽訂《膠澳租借條約》，租地 99 年，建自由港、築山東鐵路，不僅可視為西方在中國劃分勢力的濫觴，更奠定城市格局與建築風貌。時至今日，青島市區依舊處處可見德、日兩國占領時遺留的印記，其中鄰近中山路商圈的老城區與八大關、館陶路一帶最是精采，輔以日益豐盛的文化氛圍，造就多元活潑的城市風貌。

勿触摸文物
Do Not Touch

QINGDAO FASHION
青島時尚

P
A
R
T
3

尚「青」
景點

古今青島——
萬國建築風格星羅棋布，
體會青島獨有異國魅力

棧橋——見證青島百年史

　　被譽為象徵地標的棧橋，是青島從小漁村蛻變為國際港的起點，橋體雛形落成於清光緒 19 年（1893），最初為停泊載送李鴻章巡視的大型官船而建，後成為當地首座軍事專用的人工碼頭。德國租借時期，隨著青島大港第一碼頭建成，棧橋遂由貨物運輸轉為船舶檢疫與引水用途。1931 年，青島市政府對嚴重損壞的棧橋進行全面整修，橋體自原本的鋼木結構改為鋼筋混凝土，橋身延長至 440 公尺，不只增加排水與半圓形防波堤的設計，亦在堤內加築中國傳統樣式兩層飛簷八角亭「回瀾閣」，聲名遠播的「長橋遠引」、「飛閣回瀾」就是以這兩者為主題。百年過去，棧橋已是青島市民和外來遊客聚集的熱門景點，退潮挖蛤蜊、秋冬賞海鷗，無論遠處眺望抑或身在其中，都是令人心曠神怡的青島萬象。

DATA
棧橋＋回瀾閣【地圖 p.6；p.197】
◎ 地址：太平路 2 號（青島灣內、中山路底）
◎ 電話：82884548
◎ 時間：棧橋全天開放；回瀾閣旺季 07:00 ～ 19:00、淡季 08:00 ～ 17:30
◎ 票價：棧橋免費；回瀾閣 ¥4
◎ 交通：
　‧ 地鐵青島站、人民會堂站
　‧ 公交棧橋站（廣西路）：都市觀光 1 線、都市觀光 3 線、隧道 2 路、6、25、
　　26、202、217、220、223、304、307、312、316、321、501
　‧ 公交棧橋站（太平路）：都市觀光 1 線、隧道 2 路、隧道 6 路、25、223、225、
　　304、307、311、312、316、321、501
　‧ 公交棧橋站（中山路）：8、301、305、308、320、325、412
　‧ 公交棧橋站（河南路）：2、5
◎ 周邊：中山路商圈、青島郵電博物館、青島文學館、青島火車站、膠澳總督府舊址、
　　小青島

青島德國建築群——德意志的印記

　　自德國在 1897 年建立膠州灣租借地，便開始有系統地建設與規劃城市風貌，經過百餘年的發展，逐漸形成青島老城區以德國建築為中心的歐式街坊藝術景觀。德國建築群主要分布在市南區、市北區十處歷史文化保護區內，基本保持原有的設計格局與環境風貌，建物本身多屬磚木結構，石材為本地產的嶗山花崗岩、鋼料則來自德國本土，建築風格主要表現歐洲文藝復興以來的美學觀點與人文主義思想。

　　德國建築群按使用性質分為行政、軍事、公共設施、經濟文化與商業娛樂五類，行政性建築多位在市中心，藉此加強殖民統治的掌控作用，代表建築如：德國員警署舊址（1904，湖北路 29 號）、膠州帝國法院舊址（1912，德縣路 2 號）、膠澳總督府舊址（1906，沂水路 11 號）、德國監獄舊址博物館（即膠澳歐人監獄舊址，1900，常州路 25 號）、德國領事館舊址（德占時期，青島路 1 號）等；軍事類建築則是德軍為加強防衛修建的軍事設施，主要建設有：俾斯麥兵營舊址（1900，魚山路 5 號）、伊爾蒂斯兵營舊址（1901，香港西路 2 號）、青島山炮台遺址（1899，興安支路 1 號）、遊內山燈塔（德占時期，市南區團島角）、小青島燈塔（1900，小青島）；

公共設施類建築顧名思義是有利於人民生活的建設，設計處處可見德式格調與思路，包括：觀象台辦公樓（1912，觀象二路 15 號）、膠澳海關舊址（1914，新疆路 16 號）、青島火車站（1901，費縣路 1 號）、青島郵電博物館（1901，安徽路 5 號）；經濟和文化類建築則位於市區臨海與接近市中心的精華區，代表建築有：德華銀行青島分行舊址（1901，廣西路 14 號）、江蘇路基督教堂（1910，江蘇路 15 號）、浙江路天主教堂（1932，浙江路 15 號）、德華高等學堂舊址（1910，朝城路 4 號）；商業娛樂性建築集中在中山路、廣西路、湖南路、湖北路一帶，採用歐洲中古世紀臨街店鋪形式，是各類德式建築裡裝飾手法最豐富多元的一種，主要建築如：醫藥商店舊址（1905，廣西路 33 號）、海濱旅館舊址（1903，南海路 23 號）、侯爵飯店舊址（1906，廣西路 37 號）、水師飯店舊址（1902，湖北路 17 號）、青島國際俱樂部舊址（1910，中山路 1 號）。除上述提及的標誌性建築，青島市區尚有為數不少的歐式建築，想知道眼前房舍是否隸屬「青島德國建築群」？看看門面有無懸掛全國文物保護單位標誌牌，就可一秒辨別。

青島火車站──中國唯一德式車站

　　德國占領青島雖僅十餘年，卻留下不少兼具藝術與實用價值的德式建築，肩負陸路溝通重任的青島火車站便是箇中例證。作為膠濟鐵路的起點，青島站於 1900 年初動土、隔年秋季完工，由德國籍鐵路工程師錫樂巴（Baurath Hildebrand）、魏爾勒（Louis Friedrich Wehrle）主導設計，車站在錫樂巴的堅持下採取適度簡約風格，鐘樓全然沿用德國鄉間教堂的樣式，整體建築屬純粹的德國文藝復興路線。1991 年，車站進行大規模改造工程，直接將原樓拆除後，於北側新修二層候車大樓，南側則按照舊車站樣貌重建。

　　為因應北京奧運舉辦，2006 年青島站再度改建，北樓爆破拆除，南樓全數獲得保留，曾計畫設置鐵路博物館的鐘樓目前則為自動售票廳。比較可惜的是，名列中國最美車站的青島火車站，如今僅存 90 年代的復刻版本……所幸，候車大廳和鐘樓全面保有原版特色，使其得以毫無違和感地融入老城區，與周圍紅瓦黃牆、沉穩簡樸的德式古蹟相映成趣。

Data

青島火車站【地圖 p.6；p.196】
◎地址：費縣路 1 號、泰安路 2 號
◎電話：12306
◎時間：06:00 ～ 21:00
◎交通：
・地鐵青島站
・公交青島火車站（廣西路）：隧道 1 路、隧道 2 路、隧道 5 路、隧道 6 路、隧道 7 路、新區旅遊專線 L2 路、2、8、25、202、217、220、223、301、304、305、307、311、312、316、320、321、325、412、501、504、702
・公交青島火車站（太平路）：隧道 2 路、隧道 3 路、隧道 6 路、隧道 7 路、新區旅遊專線 L2 路、25、202、217、304、312、316、321、412
・公交青島火車站（蘭山路）：隧道 1 路、2、5、220、223、303、305、307、311、325、501、504、702
・公交青島火車站（費縣路）：2、8、223、301、320
・公交青島火車站（郊城路）：26、308
◎周邊：棧橋、中山路商圈、劈柴院美食街、浙江路天主教堂

膠澳總督府舊址──青島政權流轉史

　　膠澳總督府又稱青島總督府、提督府，1906 年以德國膠州灣租借地總督府身分正式啟用，百年間歷經日軍統治、抗戰勝利、中共建政……無論政權如何更替轉移，這裡始終都是當地政府的辦事機構。總督府是根據 19 世紀歐洲公共建築藝術形式設計的德式近代建築，具有中軸對稱的平面、四角和中間略為突出的特點，樓體採用磚石鋼木混合結構，外牆由花崗岩砌成，屋頂則以紅色筒瓦覆蓋。儘管德國人不講究風水，但總督府座北朝南且「面向青島灣、背靠觀海山」的方位，相當符合堪輿學中「前有抱、後有靠」的福地標準，造就莊嚴穩重的氣勢。

　　總督府在德國人撤出後，陸續作為日軍守備軍司令部、膠澳商埠督辦公署、青島特別市政府（日偽）、青島市政府（國府）與青島市人民政府（中共），目前則是青島市人大常委會與青島市政協辦公處的所在。

DATA

膠澳總督府舊址【地圖 p.197】
◎地址：沂水路 11 號
◎票價：免費（內部不開放）
◎交通：
　‧地鐵人民會堂站
　‧公交青島路站：6、25、26、202、217、220、223、304、307、311、312、316、321、501
　‧公交安徽路站：221、225
◎周邊：中山路商圈、青島文學館、青島郵電博物館、德國領事館舊址、江蘇路基督教堂、天后宮、德國監獄舊址博物館、觀海山公園、棧橋、老舍公園

青島郵電博物館──通訊的故事

　　青島郵電博物館建於 1901 年，最早為膠澳德意志帝國郵局，屬雙塔樓哥德式建築。博物館有三層對外開放，分別為一樓接待大廳（古董電話牆、膠澳 1901 慢遞、紀念品商店）、二樓主展廳（館藏文物千餘件、歷史圖片兩千多張）與頂層塔樓 1901 廳，後者現為集飲品、閱覽與藝術沙龍為一體的複合式咖啡廳「塔樓 1901」，是目前青島市唯一可入內參觀的百年木質塔樓。

　　博物館內蒐羅各個時代由不同國家製造的電話機，不僅珍藏世上僅存不到十部的古老電話機──1905 年愛立信公司生產的壁掛式木刻電話，也可見 1920 年代面市、被暱稱是「丈母娘電話」的法國製造三方通話機（一說是法國男人風流成性，因此發明這款電話機，讓丈母娘能夠輕鬆監控女婿通話）。除此之外，二樓展廳也有依照文獻復刻的孔祥熙辦公室（曾任中華民國行政院長、宋靄齡夫婿），他於 1922 年短暫在此任職，擔任北洋軍閥政府轄下膠澳商埠電話局局長。

Data
青島郵電博物館【地圖 p.197；p.200】
◎ 地址：安徽路 5 號
◎ 電話：82872386
◎ 時間：旺季 09:30～18:00、淡季 10:00～17:00、一樓大廳（7月～9月）09:30～20:00
◎ 票價：免費
◎ 交通：
　・地鐵青島站、人民會堂站
　・公交棧橋站（廣西路）：都市觀光 1 線、都市觀光 3 線、隧道 2 路、6、25、26、202、217、220、223、304、307、312、316、321、501
　・公交棧橋站（太平路）：都市觀光 1 線、隧道 2 路、隧道 6 路、25、223、225、304、307、311、312、316、321、501
　・公交青島路站：6、25、26、202、217、220、223、304、307、311、312、316、321、501
◎ 周邊：棧橋、中山路商圈、青島文學館、膠澳總督府舊址、德國領事館舊址、天后宮、青島德國監獄舊址博物館

青島德國監獄舊址博物館——古堡裡的煉獄

　　1900 年建成並開始使用的膠澳歐人監獄（即青島德國監獄舊址博物館前身），採兩層鋼木石磚混合結構，德式古堡造型厚重肅穆，與主體建築連接的圓形塔樓內設有 47 階螺旋樓梯、塔樓外則規律地開設小型窗洞，在當時有監視放風場地的瞭望作用。歐人監獄是德占初期膠澳租借地管理當局最早落成的司法建築，羈押遭拘禁處罰或被判徒刑的歐洲籍人犯，由於早年在青島的歐人犯罪率低、牢犯數量少，因此牢房均為裝有壁爐的單人間。

　　二戰時，這裡成為日軍控制下的囚禁場，地下儲藏室被改建為暗無天日的水牢和偵訊室，對犯人殘酷的刑求與虐待，使這裡增添不少陰森的肅殺氣氛。古堡關押罪犯的歷史直到 1995 年青島公安局看守所遷出才告終了，經過十餘年空置，2007 年以博物館的型態對外營運，結合文獻紀錄與影像資料，重現百年前的歷史場景與牢房百態。

DATA
青島德國監獄舊址博物館【地圖 p.197；p.200】
◎地址：常州路 21、23 號
◎電話：82868820
◎時間：旺季 08:30 ～ 17:30（16:30 停止售票）、淡季
　　　　09:00 ～ 17:00
◎票價：旺季 ¥25、淡季 ¥5；講解員 ¥35（約 45 分鐘）
◎交通：
　　・地鐵人民會堂站
　　・公交大學路站：1、6、25、26、202、214、223、
　　　225、228、231、304、307、311、312、316、
　　　321、367
　　・公交天后宮站：6、26、214
◎周邊：天后宮、老舍故居、梁實秋故居、江蘇路基督
　　　　教堂、德國領事館舊址、膠澳總督府舊址、迎
　　　　賓館、信號山公園

迎賓館＋怡堡酒店——德式皇家典範

　　青島德式建築地標的迎賓館（或稱青島德國總督府官邸、提督樓），是一棟典型的德國古堡式建築，原為德占時期的膠澳總督官邸，現以博物館形式開放。迎賓館耗費數年建成（1903～1908），整體為磚石鋼木結構，全樓共有四層（地下一層、地上三層），樓頂四面呈現不對稱結構，樓體局部以花崗岩裝飾，因此又被稱作「石頭樓」。

　　迎賓館座落於信號山南麓，依山面海、氣勢宏偉，除官邸本身，還附有花房、陽台。猶如皇室城堡般瑰麗豪奢的代價，就是總建築經費高達 100 萬馬克（當時德國建築工人年收入約 1,300 馬克），據說首任總督托爾帕爾就因過度奢侈而遭德國議會彈劾去職，導致一手促成的他根本無福消受。隨著政權轉換，這裡曾用作為日本青島守備軍司令部官邸、迎賓館與國際俱樂部，（民國時期）汪精衛、蔣經國與（中共建政）毛澤東、林彪、胡志明等中外政要都曾下榻於此。

　　怡堡酒店座落於迎賓館院落內，與其相鄰但不相通（因迎賓館需買票入內，周圍以柵欄區隔），是難得一見的德國古典式庭院酒店。建物由古堡改建已屬難能可貴，加上地理位置佳，森林環繞、遺世獨立，更有大隱隱於市的清幽感。須提醒的是，由大門牌坊至大廳櫃台有段不算短的上坡路，建築本身無電梯，距離最近的雜貨店也有百公尺之譜，每日徒步往返得有心理準備。

DATA

迎賓館（青島德國總督樓舊址博物館）【地圖 p.200】
◎地址：龍山路 26 號
◎時間：旺季 08:00 ～ 17:30、淡季 08:30 ～ 17:00
◎票價：旺季 ¥20、淡季 ¥10
◎交通：
　・地鐵人民會堂站
　・公交青醫附院站：隧道 1 路、隧道 5 路、1、214、217、220、221、225、228、
　　231、367、411
　・公交黃縣路站：1、25、225、307、367
　・公交龍江路站：217、220、221、411
◎周邊：信號山公園、龍山路基督教堂、觀象山公園、老舍故居、梁實秋故居、江蘇
　　　　路基督教堂、觀海山公園、天后宮、青島德國監獄舊址博物館

怡堡酒店【地圖 p.200】
◎地址：龍山路 26 號南門（鄰近迎賓館）
◎電話：88691111
◎時間：入住 14:00 以後、退房 12:00 以前
◎設施：免費 Wi-Fi、行李寄存、無電梯、中西餐廳、叫車服務、自助早餐（一位 ¥50）
◎簡介：位在迎賓館範圍內（但不相通）的城堡式酒店，入住其內猶如置身世外桃源，
　　　　步行十分就可到達週邊景點，交通尚稱便利。最實惠的標準間約 2,400 台幣，
　　　　城景或圍景雙人房為 3,000 台幣左右，有露台的豪華房則是 4,000 台幣起跳
◎訂房：tripadvisor 貓途鷹、Agoda.com、Hotels.com、Booking.com、Ctrip 攜程

海軍博物館——軍事迷天菜

　　1989 年對外開放的海軍博物館，是中國當前唯一完整紀錄中國人民解放軍海軍發展史的專業展覽機構，現由中國海軍北海艦隊直接管理。館內珍藏文物千餘件，展場分為室內展廳、武器裝備展區與海上展艦區，前者羅列中國海軍歷史文獻圖片、各時期軍裝和來自世界各國海軍的餽贈禮品；武器裝備區則陳列從海軍退役的飛彈、火炮、水中兵器、通訊設備、小型艦艇、水上飛機等作戰設備；而小青島港內的海上展艦區堪稱博物館最大亮點，目前開放參觀的有鞍山艦（中國海軍首艘驅逐艦）、鷹潭艦（中國海軍首艘裝備對空飛彈軍艦）、長城艦（柴電驅動潛水艇）及濟南艦（中國海軍自主研發製造的首艘飛彈驅逐艦）等四艘海軍退役船艦，不只可以登上船艦參觀，也有機會進入潛艇內部，體驗神出鬼沒的海下生活。

DATA
海軍博物館【地圖 p.200】
◎地址：萊陽路 8 號
◎電話：82866784
◎時間：旺季 08:30 ～ 17:30、淡季 08:30 ～ 16:30
◎票價：¥50
◎交通：
　‧地鐵人民會堂站
　‧公交魯迅公園站：隧道 1 路、隧道 2 路、隧道 6 路、6、26、202、214、223、228、231、304、311、312、316、321、411、501、504
◎周邊：小青島、魯迅公園、青島海底世界、小魚山公園、第一海水浴場
◎官網：www.hjbwg.com

八大關＋八大關賓館──萬國建築薈萃

　　八大關得名於區內道路以長城關隘要塞命名，是青島最富盛名的歷史文化城區，有融合英、俄、法、德、美、日、丹麥、西班牙等20多國風格樣式的建物達300多座，其中以公主樓（丹麥式）、宋氏花園（美式，居庸關路14號）、元帥樓（日式，山海關路17號）、韓復榘別墅（中西合璧式，山海關路13號）與花石樓（歐洲古堡式）最為著名。漫步八大關景區，處處可見別具風格的歐洲古典建築，全然體現當地「紅瓦綠樹、碧海藍天」、與中國其他城市大相逕庭的異國氛圍。

　　值得一提的是，八大關內的歐式建築群多數並非來自德國統治時期（1897～1914），而是海軍名將沈鴻烈（1930年代擔任青島市長期間）推動「特別建築區」政策的成果。當時被劃歸為「別墅區」的八大關，不僅每棟房舍外觀與園林設計必須獨樹一格，更要遵守保護綠地、建築密度必須低於50%等高標準規範。在歷史背景與官方支持的推波助瀾下，使此地成為達官貴人聘請建築師為己建造宅邸的高級別墅區，標榜家族財力地位之餘，更有展現自身眼界品味的象徵。

中共建政後，八大關的私家庭院全數收歸國有，轉作接待國際貴賓或政府要員度假療養用途；時至今日，這些建築成為私家庭院、機構辦事處與提供旅客住宿的酒店賓館，僅少數開放對外參觀。儘管無緣入內，幸有「青島老城區最美」的八大關街景彌補遺憾，韶關路的碧桃、居庸關路的銀杏、臨淮關路的龍柏、嘉峪關路的楓樹、寧武關路的海棠、紫荊關路的雪松、正陽關路的紫薇……以及其他道路種植的杜仲樹、櫻花樹、槐樹等等，花木扶疏、四季變換，使人徜徉在悠閒清雅的寧靜時分。

八大關【地圖 p.6；p.204～205】
◎位置：匯泉角景區北側（匯泉角與太平角間）、部分屬徒步區
◎票價：免費（建物內部多不開放）
◎交通：
・地鐵中山公園站、太平角公園站
・公交武勝關路站：26、31、202、223、228、231、304、311、312、316、317、321、370、468、501、604
・公交正陽關路站：214、219、468
・公交嘉峪關路站：214、219
・公交八大關站：都市觀光 1 線
◎周邊：花石樓、第二海水浴場、太平角公園

公主樓【地圖 p.204】
◎地址：居庸關路 10 號
◎票價：¥15
◎簡介：綠瓦紅瓦的公主樓建於 1930 年代中期，是一座由尖塔和不規則斜頂屋組成的北歐濱海風格洋樓，地下一層、地上三層，模樣類似童話故事中的溫馨小屋。傳說此樓是由當時駐青島的丹麥總領事（另一說是深愛八大關的丹麥王子）建造，原擬邀請丹麥公主來此避暑，可惜她從未親身蒞臨。上述故事經文獻考據證明純屬虛構，首位樓主與丹麥並無淵源，更違論杜撰的公主駕到，雖說一切「確無其事」，但流傳廣泛的杜撰傳說仍為公主樓增添無限浪漫幻想

八大關賓館【地圖 p.204】
◎地址：山海關路 19 號
◎電話：82039666
◎時間：入住 14:00 以後、退房 12:00 以前
◎設施：免費 Wi-Fi、行李寄存、電梯、外幣兌換服務、自助早餐（一位 ¥38）

◎簡介：鄰近八大關的同名賓館，早年因經常接待國家領導人，而被暱稱為青島國賓館，1988 年開始對外營運，最近一次裝修為 2014 年。賓館由主樓、迎賓樓、貴賓樓與十餘棟別墅組成，隨著高級酒店不斷提升硬體裝潢與服務等級，現已轉型為平價、整潔的高 C/P 值旅舍。八大關賓館依山傍海、得天獨厚，房型主要分為無窗（台幣百元）、有窗市景（台幣千元上下）、有窗海景（台幣兩千起跳）三款，若預算許可，建議選擇價位稍高的海景房，畢竟在過去這只有達官貴人才能享受的無敵美景

◎官網：badaguanhotel.com
◎訂房：tripadvisor 貓途鷹、Agoda.com、Hotels.com、Booking.com、Ctrip 攜程

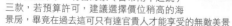

花石樓──溫莎古堡迷你版

　　面向太平灣的花石樓建於 1930 年，是八大關景區最具代表性的歐式建築，主體共五層，頂樓設有觀海台，因建築體使用花崗岩與少量的鵝卵石砌成、樓內採大理石裝飾，故得此名。花石樓第一任的主人是俄國報業商萊比池，後成為英國駐青島總領事官邸，傳聞情治首腦戴笠、影星白光與時任總統的蔣介石（有幾分穿鑿附會）都曾在此小住。花石樓屬典型歐洲古堡式建築，由中國建築師劉耀宸等人設計（另一說是俄羅斯人格拉西莫夫修建），建物融合哥德式、希臘、羅馬與俄羅斯等多元風格，正面為圓形和多角形的組合，細部裝飾則有巴洛克與洛可可的藝術痕跡，可謂集歐洲建築文化大成。

DATA
花石樓【地圖 p.204】
◎地址：黃海路 18 號（黃海路與紫荊關路南側叉口）
◎電話：83869357
◎時間：08:00 ～ 18:00
◎票價：¥8.5（租用道具另計）
◎交通：同八大關
◎周邊：第二海水浴場、八大關、太平角公園

文人足跡——
探訪令筆耕者們文思泉湧、
戀戀不捨的青島魔力

青島文學館——文青往事

　　青島文學館是由《青島日報》與《半島都市報》共同主辦、良友書坊文化機構負責營運的展覽機構,位於一棟三層樓的百年老屋內,成立目的不僅在呈現青島文學百年歷程的「過去式」,更期許成為當地青少年培養文學素養的「未來式」沃土。文學館目前闢有「百年青島文學」等展區,陳列百年來出生青島或曾在青島筆耕者的簡歷與作品,及相關作家的歷史照片、文獻剪報、檔案資料、自述傳記、日記散文等,藉由系統性的回顧,構築屬於青島本土的文學地圖。

Data

青島文學館【地圖 p.197】

◎地址：湖北路5號

◎電話：82890998

◎時間：10:00～18:00

◎票價：免費

◎交通：
- 地鐵青島站
- 公交中山路站：隧道3路、隧道7路、2、5、205、218、222、228、231、301、305、320、325、366
- 公交棧橋站（中山路）：8、301、305、308、320、325、412
- 公交安徽路站：221、225

◎周邊：浙江路天主教堂、青島郵電博物館、膠澳總督府舊址、德國領事館舊址、棧橋、中山路商圈、青島火車站

老舍故居——遇見駱駝祥子

　　生於北京的老舍（1899～1966）本名舒慶春，是中國當代著名小說、文學與戲劇家，擅長描繪市井小民的日常生活與中下階級的心境轉折，作品處處可見獨特的幽默風格和濃郁的老北京色彩，代表作有長篇小說《駱駝祥子》、話劇《茶館》等。老舍一生周遊各城市，除居住最久的北京，也曾在倫敦、濟南、青島、重慶、紐約等地落腳，其中位在黃縣路的故居，即為老舍於1930年應聘至青島大學（後改為山東大學）任教時入住的屋舍。期間，他辭去教職專心寫作，講述辛勤善良的北京人力車伕祥子多舛命運的《駱駝祥子》便在此完成。

Data 老舍故居（駱駝祥子博物館）【地圖 p.200】
◎ 地址：黃縣路 12 號
◎ 電話：82867580
◎ 時間：09:00 ～ 16:00（周一休館）
◎ 票價：免費
◎ 交通：
　・地鐵人民會堂站
　・公交大學路站：1、6、25、26、202、214、223、225、228、231、304、307、311、312、316、321、367
　・公交魚山路站：220、411
◎ 周邊：梁實秋故居、迎賓館、信號山公園、青島德國監獄舊址博物館、天后宮

梁實秋故居──青島，最好

　　作品常見於國高中課本的著名散文家梁實秋（1903～1987），不僅擅長文學創作，也是享譽學術界的翻譯家、教授及華人世界首位深入研究莎士比亞的學者。梁實秋曾於 1930 至 1934 年在青島大學擔任外文系主任兼圖書館館長，與妻小暫居在魚山路上的兩層德式公寓，故居庭院至今仍可見他當年親手種植的雪松。

　　停留青島的 5 年間，梁實秋不僅出版《文藝批評集》，更善用大學圖書館內豐富的莎翁藏書，展開獨自翻譯《莎士比亞全集》的馬拉松壯舉，並以一年兩冊的進度獲得初步成果，可惜這項巨大工程在他離開青島後一度中斷，直到 1967 年在台灣才告完成。梁實秋在青島的日子，學術工作符合志趣、家庭生活嫻靜愜意，自認是一生中最幸福的時期，坦言放眼中國，從北疆到南粵，以青島為最好！

> 梁實秋故居【地圖 p.201】
> ◎ 地址：魚山路 33 號
> ◎ 電話：87213148
> ◎ 票價：免費（內部不開放）
> ◎ 交通：同老舍故居
> ◎ 周邊：老舍故居、小魚山公園、迎賓館、信號山公園、青島德國監獄舊址博物館、天后宮

康有為故居──覓得人生良宅

　　清末戊戌變法的領導人之一康有為（1858～1927），晚年視青島為風水寶地，每年造訪之餘，更決定百年後要長眠於此。康有為故居位在匯泉灣畔、小魚山麓，是一棟磚木結構的德式三層建築（地上兩層、地下一層），1899 年建成，原為德國膠澳總督副官住宅。邁入耳順之年的康有為對這座宅邸滿意至極，不只內外格局讚譽有加：「此屋卑小而園甚大，望海碧波僅距百步。」還進一步推崇：「青島此屋之佳，吾生所未有。」遂於 1924 年出資購入、題名「天游園」，起居室布置精心講究，家

具多為清朝恭賢親王溥偉所贈。故居現闢為紀念館，館內復原陳列客廳、書房與臥室擺設，展覽他生前收藏的中西珍品、書法作品，以及戊戌變法相關歷史照片、文獻文物等。

Data
康有為故居（天游園）【地圖 p.201】
◎ 地址：福山支路 5 號
◎ 電話：82879957
◎ 時間：旺季 08:30 ～ 17:00、淡季 08:30 ～ 16:30
◎ 票價：免費
◎ 交通：
・ 地鐵匯泉廣場站
・ 公交海水浴場站：都市觀光 1 線、都市觀光 3 線、隧道 2 路、隧道 6 路、6、15、26、31、202、214、219、223、228、231、302、304、311、312、316、321、368、370、411、468、501、604、605
◎ 周邊：小魚山公園、青島海底世界、第一海水浴場、沈從文故居、洪深故居、中山公園

洪深故居──為青島做劇

洪深（1894 ～ 1955）被譽為「中國戲劇之父」，是中西電影戲劇理論家、劇作家與導演，清華大學畢業即赴美留學，入哈佛大學主修文學及戲劇，返國後致力推動話劇運動及電影發展，積極投入編導工作。1934 年，洪深接替梁實秋擔任青島大學外文系主任一職，儘管父親洪述祖曾在此擁有別墅，卻不幸遭日軍沒收，導致他只得在福山路租屋棲身。有感於這段不愉快的遭遇，洪深結合自身經驗與殖民史，創作以青島為背景的散文〈我的「失地」〉及電影劇本《劫後桃花》，後者由當時最具規模的「明星影片公司」出資拍攝，同名電影於 1935 年上映，演員胡蝶、高占非、龔稼農等均為一時之選，預算是一般電影的兩倍，足見對洪深的信任與倚重。

洪深故居【地圖 p.201】
◎地址：福山路 1 號（齊河路、京山路、福山路三叉口）
◎票價：免費（私人住宅、內部不開放）
◎交通：
・地鐵匯泉廣場站
・公交黃縣路站：1、25、225、307、367
・公交齊河路站：220
◎周邊：沈從文故居、中山公園、青島山公園、康有為故居

沈從文故居──醞釀邊城

　　現代小說家、散文家與歷史文物研究家沈從文（1902～1988），曾於1931 年受聘青島大學中文系任講師，執教兩年間就居住在此。故居是以淡黃為主色調的三層樓房，樓體以大塊玻璃裝飾，院內樹木繁茂、靜謐雅致，為創作提供不受打擾的寧靜氛圍。沈從文自述這段日子「正是我一生中工作能力最旺盛，文字也比較成熟的時期」，不僅先後完成《從文自傳》、《記丁玲》、《八駿圖》等作品，亦構思以湘西小鎮風土人情為主題的生涯代表作《邊城》。

沈從文故居【地圖 p.201】
◎地址：福山路 3 號
◎票價：免費（私人住宅、內部不開放）
◎交通：同洪深故居
◎周邊：洪深故居、中山公園、青島山公園、康有為故居

廟堂古刹——
撫慰心靈的宗教美學

浙江路天主教堂——
哥德式建築經典

　　1934 年建成的聖彌愛爾大教堂，因座落於老城區浙江路的高坡處而又稱浙江路天主教堂，建物由德國傳教士佛萊波爾（Alfred Fräbel）規劃設計、德國建築師畢婁哈（Arthur Bialucha）負責實際施作，樓體使用鋼筋混凝土與花崗岩材質，是青島規模最大的哥德式建築。教堂兩側各有一座高 56 公尺的鐘塔，堂內採羅馬式古典圓拱屋頂，主廳挑高 18 公尺、可容納千位教徒；窗戶是以聖經故事為題材的彩繪玻璃，氣氛神聖安詳、撫慰人心，展現宗教藝術的細膩與莊嚴，教堂外廣場是拍攝婚紗照的超級熱點。

Data 浙江路天主教堂（聖彌愛爾大教堂）【地圖 p.197】
◎ 地址：浙江路 15 號
◎ 電話：82865960
◎ 時間：08:30 ～ 17:00
◎ 票價：¥10
◎ 交通：
　　・地鐵青島站
　　・公交口腔醫院站：228、231
　　・公交天主教堂站：都市觀光 3 線
◎ 周邊：中山路商圈、劈柴院美食街、青島文學館、青島火車站、青島郵電博物館、膠澳總督府舊址、觀海山公園、江蘇路基督教堂

青島聖保羅堂——紅磚裡的聖詩

聖保羅堂位在觀象二路北側高地，鄰近江蘇路、熱河路、上海路與膠州路四條主要幹道交會處，教堂由美國路德會出資、俄國建築師尤力甫（Wladimir Yourieff）設計建造，屬厚重雄渾的羅馬式建築，方形鐘樓高 24 公尺，至今仍可聽到來自教堂的嘹亮鐘聲。特別的是，整座建物均使用紅磚堆砌，不加任何修飾的作法，使樓體呈現自然的磚紅色調（即使日後重新粉刷也使用紅色），紅瓦紅牆獨樹一格。

> **Data**
>
> 青島聖保羅堂（觀象二路基督教堂）【地圖 p.197；p.198】
> ◎地址：觀象二路 1 號
> ◎時間：08:30 ～ 17:00
> ◎票價：免費
> ◎交通：
> ・公交市立醫院站：隧道 1 路、隧道 3 路、隧道 5 路、隧道 7 路、新區旅遊專線 L2 路、2、5、205、212、218、222、301、305
> ・公交觀象路站：1、221、225
> ・公交六中站：214
> ◎周邊：觀象山公園、即墨路小商品市場、德國風情街、龍山路基督教堂

江蘇路基督教堂──走進德國童話書

19世紀末德國租借青島後，隨即展開都市計畫，將原本中國村落拆除，重建一座歐化的都市。首波改造行動以今日的江蘇路（當年的俾斯麥街）、沂水路（當年的地利街）為核心，街道兩側都是由專業建築師精心擘劃的高級別墅，同一時期建造的基督教堂就位在區域內的緩坡上。教堂整體為高低相間、縱橫交錯的設計，強調圓弧形、不規則的律動感，鐘樓高36公尺、三面鑲有機械時鐘，外牆以泥黃色的波紋為基礎，搭配蘑菇石壁帶（使雨水不會直接打在牆壁上的實用裝飾）、綠色曲線與紅瓦屋頂，種種別於一般教堂的活潑美感，猶如德國童話裡的可愛古堡。

DATA

江蘇路基督教堂【地圖 p.197；p.200】
◎ 地址：江蘇路 15 號
◎ 電話：82865970
◎ 時間：08:30 ～ 17:00
◎ 票價：¥10
◎ 交通：
 ‧ 地鐵人民會堂站
 ‧ 公交青醫附院站：隧道 1 路、隧道 5 路、1、214、217、220、221、225、228、231、367、411
◎ 周邊：迎賓館、信號山公園、龍山路基督教堂、老舍故居、梁實秋故居、天后宮、觀海山公園

天后宮──看盡青島百年滄桑

供奉媽祖林默娘的天后宮，創建於明憲宗成化3年（1467），建築屬兩進庭院的明清磚木結構，為青島市區現存歷史最久遠的古蹟，具有廟宇兼民俗博物館的雙重身分。百年來，天后宮都是當地百姓的信仰中心，曾經香火鼎盛，也曾幾度遭逢災厄。雖然順利度過德占時期的拆遷危機，卻在文革時面臨神像被砸、戲樓被鋸、琉璃花被拆的毀滅式破壞。如今損壞多已修復、傷痕逐漸弭平，隨著中國經濟起飛，昔日香客絡繹的榮景隨之再現。

DATA

天后宮（青島市民俗博物館）【地圖 p.197；p.200】
◎地址：太平路 19 號
◎電話：82877656
◎時間：09:00 ～ 16:00
◎票價：免費
◎交通：
　・地鐵人民會堂站
　・公交大學路站：1、6、25、26、202、214、223、225、228、231、304、307、311、312、316、321、367
　・公交天后宮站：6、26、214
◎周邊：青島德國監獄舊址博物館、老舍故居、梁實秋故居、江蘇路基督教堂、德國領事館舊址、膠澳總督府舊址、迎賓館、信號山公園

湛山寺──軍閥的善念

1945 年落成的湛山寺為青島市內唯一的佛寺，籌建時，篤信佛教的軍閥段祺瑞也曾自掏腰包支持，寺前道路便是以他的字號「芝泉」命名。湛山寺占地廣闊，屬佛教天台宗，院內收藏大量佛經與古代佛像，每逢傳統節慶或佛事盛典都吸引大批信眾到此參拜。為便利遊客往返太平山景區內各景點，湛山寺與太平山、中山公園間有「太平山索道」連結，遊客可藉此輕鬆往來於各山頭間。

Data
湛山寺【地圖 p.203】
◎地址：芝泉路 2 號
◎電話：83862038
◎時間：08:00 ～ 16:30
◎票價：¥10
◎交通：
  ・地鐵太平角公園站、延安三路站
  ・公交湛山寺站：206、310、370、604
◎周邊：太平山景區、青島山公園、電視觀光塔、青島植物園、青島動物園、中山公園、音樂廣場、五四廣場

主題街道——
精華店家齊聚一街、
吃喝玩樂步步精采

中山路商圈＋劈柴院美食街——
老城區心臟地帶＋吃貨天堂

　　中山路是青島市區最富歷史的南北主要幹道，同時為青島地標性的商業街區，範圍南起棧橋、北至大窯溝，由於中山路中段（大沽、保定、德縣路間）正是德占時期歐人青島區（中山路南側，原名斐迪里街）與華人鮑島區（中山路北側，原名山東街）的分界線，形成今日既有歐風情懷又有中式傳統的特殊街景。中山路商圈聚集各式店家，如老牌魯菜館春和樓（146號）、王姐燒烤（113號）都位於此，另有青島國際俱樂部舊址（1號，德國青年派風格）、水師飯店舊址（中山路、湖北路口，德國新文藝復興式風格）、膠州旅館舊址（17號，德國古典復興樣式融合折衷主義風格）、中國銀行青島分行舊址（62號，簡潔現代風格）等多棟歷史建築。百年過去，雖沒有新興商圈的寬敞新穎，中山路仍擁有無可取代的舊時魅力。

　　座落中山路商圈北端的劈柴院美食街，位在江寧路商業步行街內，街上多為賣吃的餐廳、飯館與攤販，可一次嘗到海菜涼粉、烤魷魚、醬豬蹄、鮁魚水餃、三鮮鍋貼、排骨米飯、雞湯餛飩、海鮮滷麵、白菜肉包等青島特色小吃，海膽蒸蛋、烤海星等他處罕見的新奇海味，以及朝天鍋（濰坊名吃，以滷肉為主的開鍋滷味）、餡餅、罈子肉、甜沫、豆腐腦、糖餅、芝麻球、綠豆糕等各類中式麵食和傳統甜點，是青島人氣最旺的吃貨天堂。須注意的是，部分海鮮餐館的海鮮定價並不一定如「想當然耳」那般（標價可能是指一盤、一隻或一斤），點餐前必須先問清楚（如何計價、餐點分量等），以免結帳時發生糾紛。

Data

中山路商圈＋劈柴院美食街【地圖 p.196】
◎位置：中山路沿線及兩側
◎時間：10:00 ～ 22:00（各店不同、美食街一般開到較晚）
◎交通：
　・地鐵青島站
　・公交棧橋站、青島火車站、中山路站、黃島路站、口腔醫院站、泰安路站、大沽
　　路站、河南路站
◎周邊：浙江路天主教堂、青島火車站、棧橋、青島郵電博物館、青島文學館、青島
　　聖保羅堂

德國風情街（館陶路）──老青島的華爾街

　　德占初期就將館陶路一帶規劃為「洋行區」，國內外多家銀行紛紛在此設置分支機構，揭開這裡作為金融中心的序幕；至日本奪下統治權，相關業務更見蓬勃，洋行數量一度擴增到 60 間以上，很大程度掌控華東地區的進出口業務，而有了「青島華爾街」的雅號。今日，館陶路上的建築仍保有德占時期的歐陸建築風格，雖不復當年熱鬧繁榮，卻依舊蘊含溫潤優雅的歐式氛圍。

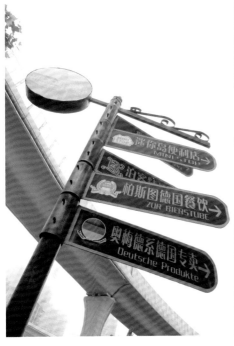

近年，市北區政府將館陶路定名為「德國風情街」，陸續進行全面修復和整體營造，使區域內的歷史建築獲得完整的保護與展示。館陶路兩側常見德式、日式樓宇，單是名列青島市文物保護名單的就有近十棟，包括：橫濱正金銀行青島支店舊址（1 號）、三菱洋行舊址（3 號）、英國匯豐銀行青島分支舊址（5 號）、朝鮮銀行青島支行舊址（12 號）、青島取引所舊址（22 號，取引所即交易所）、青島日本商工會議所舊址（24 號）、丹麥領事館舊址（28 號）、日本大連汽船株式會社青島支店舊址（37 號）等。最大亮點，莫過於 1920 年落成、由日籍建築師三井幸次郎設計的青島取引所，建物具有文藝復興建築風格，室內採取西方古典手法裝飾，一度是民國時期（1949 年以前）中國最大的證券和期貨交易中心。中共建政後，取引所的證券廳曾被改為可容納 600 個座位的劇場，期貨廳則變成可進行籃、排球比賽的海軍俱樂部體育場，規模雄偉不言可喻。

Data 德國風情街【地圖 p.198】
◎位置：館陶路（北起恩縣路、南至堂邑路）
◎時間：全天
◎交通：
　・公交大窯溝站：隧道 1 路、隧道 5 路、6、20、211、221、222、366、412
　・公交館陶路站：20、211、214、222
　・公交德國風情街站：都市觀光 3 線
◎周邊：即墨路小商品市場、劈柴院美食街、青島聖保羅堂

即墨路小商品市場——實體淘寶城

　　即墨路小商品市場始於 1980 年，最初以即墨路、李村路為中心自發聚集而成，販售服裝、鞋帽、布料、工藝土產、手工材料零件等小型商品，全盛時期有上千攤戶，為青島市最知名的小商品市場。1997 年，政府對市場進行改造工程，將攤商遷往距離 600 公尺、聊城路上的中式建築商業城（地上、地下各兩層），至 2006 年一度發展成擁有數千店鋪、營業額上億的中國北方小百貨集散地。只是，隨著淘寶網的快速崛起，不少商家逐漸將重心轉往電商領域，每日接單動輒上萬元，相形之下，實體店面已非主力，致使市場生意不若從前熱鬧滾滾。目前，小商品市場仍吸引不少當地人與觀光客蒞臨，樣式相當豐富、選擇十分多元，最重要的是東西摸得到、價格現場談，可謂淘寶網的實體版。

> **Data**
> 即墨路小商品市場【地圖 p.198】
> ◎ 位置：聊城路 47 號（臨清路、聊城路、博平路、高唐路間）
> ◎ 時間：各店不同
> ◎ 交通：
> ・公交館陶路站：20、211、214、222
> ・公交市場三路站：212、214
> ・公交德國風情街站：都市觀光 3 線
> ◎ 周邊：德國風情街、青島聖保羅堂

青島啤酒街（登州路）——天天啤酒節

2005 年，為活絡青島的啤酒文化，官方決定將青島啤酒的發源地——青島啤酒一廠（即青島啤酒博物館）所在的登州路，打造成以「永不落幕的啤酒節」為訴求的飲食文化特色街。為營造整體感，不僅建築皆按歐式風格重新裝修，路上處處可見使用啤酒瓶製作或啤酒瓶概念的裝置藝術。夜幕低垂，兩側店家霓虹燈繽紛變幻，熱情推銷的店員滿面笑容努力拉客，令人感受猶如不夜城般的暢快氣氛。基於地利之便，登州路的酒吧餐館大多供應一廠直送的新鮮原漿，堪稱最貨真價實的「青島尚青」！

作為啤酒街的濫觴，青島啤酒廠是中國第一家且持續經營至今的啤酒廠，紅磚清水牆（類似青島聖保羅堂）的廠房屬德國青年派風格建築。工廠始業於 1903 年，最初名為日耳曼啤酒公司，設備由德國進口原件組裝，生產效能是一年兩千公噸，是當時亞洲規模最大、技術最先進的啤酒釀造廠。時至今日，啤酒廠已轉變為講述啤酒歷史和釀造流程的博物館，遊客親眼目睹啤酒的誕生之餘，也能在「酒醉小屋」體驗微醺後的不平衡感，最重要的是可憑門票換得老酒廠自釀的冰鎮原漿和純生啤各一杯，絕對是離開青島便難再嘗的瓊漿玉露。

DATA

青島啤酒街【地圖 p.199】
◎位置：登州路（東起延安二路、西至壽光路）
◎時間：各店不同（傍晚以後為主）
◎交通：
　‧公交青島啤酒博物館站：205、217、221、604
　‧公交台東（啤酒街）站：15、205、302、306
◎周邊：青島文化街、台東三路步行街、清和路基督教堂

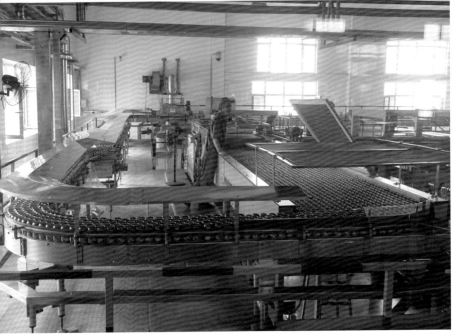

台東三路步行街──青島東區

　　台東三路步行街地處台東商圈核心，以舒適的購物環境、摩登的現代氣息、豐沛的暢旺人流和成熟的商業發展，穩居青島商圈之首。與台北東區的寸土寸金相仿，這裡的租金壓力高居青島五大商圈之首（其餘分別是：金融高樓林立的香港中路商圈、市郊新開發的嶗山商圈、大型購物商場為主的李滄商圈、最老牌的中山路商圈），每坪單月租金最高可達 ¥4,000（2015），不僅連鎖、個體商戶紛紛搶進，連一向挑選「全城最熱鬧」落腳的沃爾瑪購物廣場、萬達廣場也在此插旗，足見台東三路的「青島一街」地位。

　　在市政府的規劃下，步行街道路筆直寬敞，兩旁建物都有外牆彩繪、霓虹閃爍、摩肩擦踵的都會夜生活氣氛，年輕人喜愛的時髦潮服、可愛雜貨要啥有啥，彷彿台北西門町放大數倍。晚間，與其相連的和興路則變身台東夜市，攤販一路延伸至鄰近的台東六路，附近的台東八路則是販售海鮮蔬果的路邊攤位與現點現炒的海鮮大排檔林立，可在此購買生鮮再請餐館代為烹調，均價是炒一道菜（不含海鮮材料費）¥25 起。

Data　台東三路步行街【地圖 p.199】
◎位置：台東三路（東起延安三路、西至威海路）
◎時間：各店不同
◎交通：
　‧公交延安路北站：19、28、32、119、206、212、219、222、227、229、314、320
　‧公交台東（威海路）：30、104、110、119
　‧公交台東商業街（威海路）：都市觀光 3 線
◎周邊：清和路基督教堂、青島啤酒街、青島文化街

青島文化街（昌樂路）──「文」化在「青」島

　　青島市文化街位在昌樂路上，2006 年正式開街，是集創意、收藏、古玩、鑑賞於一體的文化產業示範園區。幾年間，文化街不定時與書畫、收藏家、藝術雜誌等相關協會舉辦展覽或分享活動，藉此促進推廣教育與凝聚人氣的目的。以文化為最大公約數的青島文化街，不僅滿足喜愛古錢幣、玉器、書畫的發燒友，也聚集許多大眾口味的書店與文具店，傍晚還有綿延百公尺的古玩、舊書地攤。商家選擇豐富與長期養成習慣，當地人多喜歡到昌樂路添購所需，加上地理位置頗佳，與鄰近的台東商圈、天幕城（2007 年開幕的室內步行商場，型態類似澳門威尼斯人）連成一氣，使其躍居中國數一數二的綜合性文化街。

DATA

青島文化街【地圖 p.199】

◎ 位置：昌樂路（東起利津路、西至華陽路）

◎ 時間：各店不同

◎ 交通：

　　・ 公交利津路站：隧道 3 路、隧道 7 路、2、8、211、217、218、221、222、232、301、320、326、365、371

　　・ 公交華陽路站：隧道 4 路、隧道 8 路、2、5、8、20、21、24、209、211、217、218、222、301、303

　　・ 公交昌樂路站：215、371

　　・ 公交天幕城（利津路）：都市觀光 3 線

◎ 周邊：青島啤酒街、台東三路步行街、清和路基督教堂

青島咖啡茶藝街（閩江二路）——巷弄裡的咖啡時光

　　以閩江二路為中心的咖啡茶藝街，源於 2009 年青島市南區政府的整體營造，現已聚集超過二十間風格各異的主題咖啡、茶藝館，街頭處處洋溢歐洲風情，融合文青氣質與溫馨風格的個性店，更增添濃郁的人文氣息。蓬勃發展的咖啡經濟，不僅讓有興趣投入的本地年輕人有個可供揮灑的空間，也吸引韓國、台灣等地連鎖或獨立店家來此發展，其中頗獲網友好評的有 CAFE KONA（21 號，韓人開設）、luna cafe（26 號）、可兒咖啡（27號）、美日咖啡館（32 號）、咖啡陪你（33 號，韓資連鎖店）、巴薩諾瓦咖啡（45 號）等。來到這裡，不妨入內喝杯咖啡、品壺茶，享受旅途中難得的慢活時刻。

DATA 青島咖啡茶藝街【地圖 p.195】
◎ 位置：閩江二路（南起漳州二路、北至閩江路）
◎ 時間：各店不同
◎ 交通：
　· 地鐵江西路站
　· 公交福州南路站：12、208、210、216、228、314、363、374、402、503、601
　· 公交香港中路站：12、208、210、216、228、314、363、374
　· 公交書城站：222、309、369、503
◎ 周邊：五四廣場、音樂廣場、奧林匹克帆船中心、情人壩

公眾休憩——
與青島人一起洗海澡、賞
海景、逛公園、遊樂園

第一海水浴場——市民最愛 No.1

　　青島人不枉地利之便，每逢夏季便扶老攜幼到海灘「洗海澡」，鄰近市區的第一海水浴場（簡稱一浴）正是最熱門的消暑勝地。第一海水浴場於 20 世紀初啟用，所在的匯泉灣水清波小、灘平坡緩、砂質細軟，地理環境十分優越，長年來都是當地市民的最愛，是相當有歷史的城市海灘。驚人的是，這裡夏季時號稱每日最高可接納 20 萬人次，溫度越高、人氣越旺，不僅整座沙灘躺得滿滿，海岸線更如下餃子般、擠著密密麻麻的泳客。雖然不時因此有「海水質量欠佳」的報導，絲毫無損一浴高人氣，連年穩居青島最火爆的海水浴場 No.1！

> **DATA**
>
> 第一海水浴場【地圖 p.201】
> ◎ 位置：匯泉灣北岸
> ◎ 時間：9:00～18:00（夏季延長至21:00）
> ◎ 票價：免費（寄存、沖水服務每次約¥30）
> ◎ 交通：
> 　・地鐵人民會堂站、匯泉廣場站
> 　・公交海水浴場站：都市觀光 1 線、都市觀光 3 線、隧道 2 路、隧道 6 路、6、15、26、31、202、214、219、223、228、231、302、304、311、312、316、321、368、370、411、468、501、604、605
> ◎ 周邊：青島海底世界、魯迅公園、康有為故居、小魚山公園、海軍博物館、小青島

小魚山公園── 一眼望不完

　　地處匯泉灣畔的小魚山，雖然海拔高度只有 61 公尺，卻因位置得天獨厚成為飽覽青島全景的絕佳觀景台。公園內的主建物覽潮閣，是一座高 18 公尺的三層八角挑檐式建築，與同屬中式傳統風格的棧橋回瀾閣遙相對望，和周遭的德國建築群形成有趣的中西對比。身處小魚山公園制高點，向南俯視第一海水浴場、朝北眺望信號山公園與迎賓館，往西能夠看到棧橋。「藍天、碧海、青山、綠樹、紅瓦、黃牆」盡收眼底，對輕裝便捷的觀光客而言，確是最棒的天然腳架！

DATA
小魚山公園【地圖 p.6；p.201】
◎地址：福山支路 24 號（目前僅北門開放）
◎電話：82883635
◎時間：旺季 07:30 ～ 18:30、淡季 07:30 ～ 17:30
◎票價：¥10
◎交通：
　‧地鐵人民會堂站、匯泉廣場站
　‧公交海水浴場站：都市觀光 1 線、都市觀光 3 線、隧道 2 路、隧道 6 路、6、15、26、31、202、214、219、223、228、231、302、304、311、312、316、321、368、370、411、468、501、604、605
　‧公交小魚山站：220
◎周邊：康有為故居、第一海水浴場、青島海底世界、魯迅公園、梁實秋故居、海軍博物館、小青島
◎附註：免費時段為旺季 06:00 ～ 07:30、18:30 ～ 20:00；淡季 06:00 ～ 07:30、17:30 ～ 19:00

青島海底世界──海洋生物教室

　　鄰近第一海水浴場的青島海底世界，展示種類繁多的海底生物，是中國第一座建於地下的海底世界大型展館。園區劃分成多個獨立的展覽廳，以物種多元的海底世界（站在長 86.2 公尺的玻璃隧道輸送帶上，宛若置身海底龍宮）和繽紛夢幻的水母宮最受歡迎，前者更有高 7.6 公尺、號稱亞洲最大的壓克力圓柱形展缸。在此提醒只想看「活生物」的朋友，海底世界展館一開頭就是散發詭異氣息的標本館，由於將各種海底生物泡入福馬林液體內的呈現方式逼真，而招致網友毀譽參半的評論。此外，海底世界在旺季（特別是春節、五一這類長假）人潮異常洶湧，單是排隊入內就得耗去數小時，若非萬不得已請盡量避開。

青島海底世界【地圖 p.201】
◎地址：萊陽路 2 號
◎電話：82892187
◎時間：08:15 ～ 17:15
◎票價：通票旺季 ¥130、淡季 ¥110（官網另提供不同票款及優惠）
◎交通：同第一海水浴場
◎周邊：小魚山公園、第一海水浴場、康有為故居、魯迅公園、海軍博物館、小青島
◎官網：www.qdhdworld.com
◎注意：
- 通票包含海底世界、海獸館（觀賞海獸表演需另付費購票 ¥10）、標本館、淡水館、水族館（夢幻水母宮）等展區
- 美人魚表演時段 09:00、13:00、14:00；人鯊共舞表演時段 11:00、12:00、15:30；海底後花園表演時段 10:15、14:45、16:30，由於參觀動線均為「單向」、不能回頭（錯過就錯過），建議先確認場次、控制參觀停留時間，以便按時抵達表演場地
- 旺季期間，常有不肖業者在棧橋等外地遊客最多的地方擺攤推銷，聲稱只要參加他們承包的海底世界旅行團，不僅價格較低，還可享免費載送服務（破舊的紅色三輪電動車）。實際上，業者收取費用後，遊客只能默默地等待湊團，到真正進入展館，已白白耗掉幾個鐘頭。過程中，若按捺不住想退票，則可能引來非正規的導遊惡言相向，傷財傷身更傷心

魯迅公園──和文豪看海去

　　魯迅公園顧名思義為紀念文豪魯迅（1881～1936）的主題園區，正門中式牌坊上題字是由其筆跡拼湊而成，園內則有魯迅立姿雕像、魯迅詩廊、吶喊台、魯迅自傳碑等相關展品。除了精心設計的裝置藝術，亦可見目前中國保存最完好的紅礁海岸，是一座兼具文學氣韻、園林風雅與自然生態的複合式景點。

> 魯迅公園【地圖 p.200】
> ◎ 地址：琴嶼路 1 號
> ◎ 時間：全天
> ◎ 票價：免費
> ◎ 交通：
> 　．地鐵人民會堂站
> 　．公交魯迅公園站：隧道1路、隧道2路、隧道6路、6、26、202、214、223、228、231、304、311、312、316、321、411、501、504
> ◎ 周邊：海軍博物館、小青島、棧橋、天后宮、青島海底世界、小魚山公園、第一海水浴場

小青島──小島不孤

　　以琴嶼路海堤與青島連結的小青島，面積僅 0.024 平方公里（大安森林公園是其 10 倍），由於狀似一把古琴，故又稱「琴島」。島嶼原和陸地相連，受到海浪長年沖蝕而分離，造就今日隔海對望的狀態。小青島最令人矚目的地標，就是德占時期建造的白色錐形燈塔，八角形塔身使用大理石材質，部分為上下兩層、內有 30 階石製螺旋樓梯，目前由青島海間局航標處使用，仍是船舶進出膠州灣的重要指引。

DATA
小青島【地圖 p.200】
◎ 位置：青島灣內
◎ 電話：82863944
◎ 時間：07:30 ～ 18:30
◎ 票價：¥10
◎ 交通：同魯迅公園
◎ 周邊：海軍博物館、魯迅公園、青島海底世界、小魚山公園、第一海水浴場、棧橋
◎ 附註：連結小青島的琴嶼路海堤長 370 公尺，遊客多為步行穿越，途中不時有汽車或大巴士行駛穿梭，由於路窄車快，濃霧時須格外留意路況

信號山公園──蘑菇樓與同心鎖

　　信號山海拔 98 公尺，1980 年代闢建成公園，以山頂三幢紅頂蘑菇樓最為搶眼，最高一座設有旋轉觀景樓，可 360 度欣賞青島山海景致。除此之外，通往山頂途中會經過一條欄杆上掛滿同心鎖的連心天橋，據說無論是朋友、家人抑或是情人，只要手牽手走過此橋就能得到祝福。看到這，獨旅的朋友不用扼腕，自己左手牽右手同樣能讓幸福「手」到擒來。

> DATA
>
> 信號山公園【地圖 p.6；p.200】
> ◎ 地址：龍山路 17 號
> ◎ 電話：82794141
> ◎ 時間：07:30 ～ 18:30
> ◎ 票價：入園 ¥5、旋轉觀景台 ¥10
> ◎ 交通：
> 　・地鐵人民會堂站
> 　・公交青醫附院站：隧道 1 路、隧道 5 路、1、214、217、220、221、225、228、231、367、411
> 　・公交黃縣路站：1、25、225、307、367
> 　・公交龍江路站：217、220、221、411
> ◎ 周邊：龍山路基督教堂、迎賓館、老舍故居、梁實秋故居、江蘇路基督教堂、觀海山公園、觀象山公園、天后宮、青島德國監獄舊址博物館
> ◎ 附註：免費時段為 06:00 ～ 07:30、18:30 ～ 20:00

青島山公園＋青島山炮台遺址──戰爭的往昔

　　青島山海拔 128 公尺，因地處市中心，自清代以來就被視為戰略要塞，德、日殖民時在此布建兵營與炮台、機關槍等防禦性武器，是見證青島政權數度更替的主戰場。1980 年代，市政府將此闢為公園，修築遊山小徑與石階步道，山頂建有中式賞景亭，近動物園的山腳則是炮台山遺址紀念館。儘管青島山景色不若鄰近的小魚山、信號山那般開闊精采，卻另有一番僻靜清麗的氣氛，春季時還有不遜中山公園的櫻花美景。

　　位於京山路一側的青島山炮台遺址，源於德占時期在此修建的眾多炮台，目前炮台只有部分獲得保存，龐大的地下指揮中心則完整地保留。德國人設計的指揮中心機能齊全，建築時幾乎挖空整座山，裡面除了指揮部等軍事設施，也有生活區、休息室、廚房與廁所等，房間內均設置通氣孔，讓軍士可以長期埋伏在內。其中，指揮部內有一座類似潛望鏡原理的瞭望塔，可透過轉動機器 360 度觀察地面狀況，現也開放遊客操作體驗。

DaTa
青島山公園＋青島山炮台遺址【地圖 p.202】
◎ 地址：興安支路 1 號（公園）、京山路 26 號
　　　　（遺址）
◎ 電話：82964594
◎ 時間：08:30 ～ 17:00
◎ 票價：公園免費、炮台遺址 ¥15
◎ 交通：
　　・地鐵中山公園站
　　・公交動物園站：15、219、220、302、368、604
◎ 周邊：中山公園、青島動物園、太平山景區、
　　　　電視觀光塔、洪深故居、沈從文故居

中山公園──賞櫻勝地

　　建於 1901 年的中山公園，最初為德人創辦的植物試驗場，他們將自世界蒐羅而來的上百種花草樹木在此試種，使這裡成為一座植物種類豐沛的森林公園。眾品種中，以從日本移植而來、植於公園東部的兩萬株櫻花最是成功，每逢 4、5 月，園內櫻花盛放、落英繽紛，漫天花海可與日本比擬。拜物種多元之福，中山公園的春季櫻花、海棠美不勝收；夏季滿園翠綠、欣欣向榮；秋季銀杏、菊花雅致舒心；冬季萬籟俱寂、蕭瑟唯美……一年四季都有令人神往的風景。由於園區占地廣闊，為便利遊客往返太平山景區內各景點，中山公園與太平山頂、湛山寺間設有「太平山索道」連結，可藉此輕鬆往來各山頭。

DATA 中山公園【地圖 p.6；p.202 ～ 203】
◎地址：文登路 28 號
◎時間：09:00 ～ 21:00
◎票價：免費
◎交通：
・ 地鐵中山公園站
・ 公交中山公園站：都市觀光 1 線、6、15、26、31、202、206、214、219、223、228、231、302、304、311、312、316
・ 公交小西湖站（西側門）：15、219、220、302、306、368、370、468、604
◎周邊：太平山景區、青島動物園、電視觀光塔、青島植物園、湛山寺、青島山公園、洪深故居、沈從文故居、康有為故居

太平山景區＋太平山索道──十年樹木、百年樹林

太平山景區原本僅指太平山一處，1990 年代中期應政府「集諸多公園於一體」的中央公園規劃，形成以太平山系為主體的大型城市園林風景區，範圍涵蓋鄰近青島山公園、中山公園、青島市動物園、百林苑（文化名人雕塑園）、青島植物園、湛山寺、電視觀光塔等景點，並設有太平山索道連結，索道為開放式兩人座椅，行駛山間相當刺激，其中上下纜車的動作尤其緊張迅猛，幾乎是成龍電影等級，請務必撥空體會。

海拔 150 公尺的太平山為青島市區最高峰，德、日占領時曾分別更名為伊爾梯斯山和旭山。基於弧形山勢適合植物生長，德國人便開始在此廣植樹木，經過百年孕育，造就今日鬱鬱蒼蒼的茂盛榮景。

> **Data**
> 太平山索道【地圖 p.202 ～ 203】
> ◎ 站點：湛山寺（一旁森林公園內）、太平山、中山公園（近動物園）
> ◎ 電話：83866190
> ◎ 時間：07:00 ～ 19:00（全年無休、僅冬季可能暫停）
> ◎ 票價：¥100（可來回一趟）
> ◎ 簡介：太平山索道是往來景區各山頭間省時、省力（但不省錢）的選擇，單程全長
> 　　　 1.1 公里、需時 10 分鐘，雖然所費不貲卻可飽覽無價的市區美景，對難得造
> 　　　 訪的觀光客相當划算。索道為開放式吊椅設計（類似滑雪場纜車），每個吊
> 　　　 椅可搭乘兩人，索道共有 200 個吊椅，每小時可輸送 800 名遊客，是青島市
> 　　　 內唯一的大型架空遊覽設施

第二海水浴場——貴族的基因

　　第二海水浴場（簡稱二浴）地處太平灣北岸，是與八大關相鄰的沙灘浴場。由於環境清幽、綠樹成蔭、水質良好、沙質細軟，加上北側有陡峭岩石攔住來自大海的風浪，被稱作青島洗海澡的最佳場所。別於對普羅大眾開放、形象親民的一浴，二浴不僅在德占時期是外國人獨享的地盤、中共建政後也成為達官貴人的專用浴場（毛澤東、鄧小平都曾在這下海游泳），種種「高人一等」的歷史背景，使這兒始終帶有高貴神祕的色彩。直到今日，二浴仍是青島唯一在旺季收取門票的海水浴場，而這應是此地從環境到水質都能夠維持一定品質的根本原因。

Data
第二海水浴場【地圖 p.204】
◎位置：太平灣北岸
◎時間：全天（夏季救生員當值時間 09:00 ～ 17:30）
◎票價：7月～9月入場費 ¥2（藍色小屋更衣室 ¥20 一位）、其餘時間免費
◎交通：
　· 地鐵中山公園站、太平角公園站
　· 公交武勝關路站：26、31、202、223、228、231、304、311、312、316、317、321、
　　370、468、501、604
　· 公交正陽關路站：214、219、468
　· 公交八大關站：都市觀光 1 線
◎周邊：花石樓、八大關、太平角公園、中山公園

太平角公園──漫步在海角

　　沿海濱修築的太平角公園以「原生態植物林地」為主題，設計講求節約環保再生原則，景觀棧道上有多條滲水口，先讓雨水順利滲透至地下，再將地下水供給人工造景湖循環利用，路燈也是使用太陽能源。太平山公園與八大關連成一氣，在德占時期同屬高級別墅區，別於後者遊人如織，擁有海角美景與清新空氣的太平角公園更顯恬意寧靜，是當地人清晨運動、發呆放鬆、黃昏散步的首選。

Data
太平角公園【地圖 p.205】
◎位置：太平角二路
◎時間：全天
◎票價：免費
◎交通：
　‧地鐵太平角公園站
　‧公交一療站：26、31、202、206、223、228、231、304、311、312、316、317、321、
　　468、501、604、605
◎周邊：花石樓、八大關

音樂廣場——走在旋律裡

　　1999 年啟用的音樂廣場，是一座以音樂為主題的文化休閒廣場。園區內展示許多與音樂有關的大型雕塑，包括：音樂家貝多芬、中國國歌作者聶耳等名人像，以及名為音樂之帆的白色帳篷、琴鍵能準確發聲的巨大數字鋼琴（曾開放遊客踩踏體驗，現已用壓克力罩保護）、音符意象地磚等裝置藝術。其中，最具代表性的地標雕塑，則為 2007 年落成、紀念第二屆中日韓旅遊部長會議所設計的「風景線」，作品使用不鏽鋼材質噴色製成，應用電影膠片概念，將三國地標中國長城、日本富士山、韓國石祖像、中國兵馬俑、日本新幹線、韓國多寶塔⋯⋯依序呈現，體現中日韓和諧共贏的願望。

Data

音樂廣場【地圖 p.195】
◎地址：澳門路 12 號
◎時間：全天
◎票價：免費
◎交通：
・地鐵五四廣場站
・公交市政府站：25、26、31、104、110、224、225、228、231、232、304、311、312
・公交五四廣場站：都市觀光 1 線、都市觀光 3 線、317、504、601
◎周邊：五四廣場、奧林匹克帆船中心、情人壩、湛山寺、中山公園

五四廣場──五月的風

　　位於浮山灣畔的五四廣場，是紀念學生在五四運動期間捍衛青島主權的愛國行動（一戰後，日本以戰勝國之姿欲強占德屬膠州灣，國際列強竟然未有異議，全然忽略同屬戰勝國的中國權益），廣場內的紅色大型藝術雕塑「五月的風」是遊客必拍的代表性地標。五四廣場外海是 2008 年北京奧運水上帆船項目賽場，內陸擁有大片草坪，陽光普照的日子，市民常會相約到此踏青放風箏，來場城市小旅行。

> **DATA**
> 五四廣場【地圖 p.6；p.195】
> ◎地址：東海西路 8 號
> ◎時間：全天
> ◎票價：免費
> ◎交通：同音樂廣場
> ◎周邊：音樂廣場、奧林匹克帆船中心、情人壩、青島咖啡茶藝街

奧林匹克帆船中心──中國帆船之都

奧林匹克帆船中心（簡稱奧帆中心）是北京夏季奧運與殘障奧運帆船項目的比賽地點，總工程費耗資 33 億人民幣（約台幣 180 億），會後改建為帆船比賽場地，發展成兼具觀光、購物、小吃的新興旅遊區。奧帆中心占地廣闊，以帆船碼頭及其西側的巨型奧運聖火火炬復刻展品（原火炬已由奧帆博物館收藏）最是精采，日夜景致各具特色，建議黃昏時間造訪，一次欣賞變幻莫測的海濱風光。由於園區占地廣大，由五四廣場至奧帆中心入口處有提供接駁車「奧帆中心→奧帆中心東北門→情人壩」穿梭服務，全套票 ¥20、單程 ¥10，對於走到異常疲憊的背包客而言，絕對是可接受的盜亦有道。

奧林匹克帆船中心【地圖 p.195】
◎位置：清遠路一帶海濱
◎時間：全天
◎票價：免費
◎交通：
・地鐵五四廣場站
・公交浮山所站：12、26、31、33、104、110、125、224、225、228、231、232
・公交東海路站：210、216、224、319
・公交奧帆基地站：210、231、402、504
・公交奧帆基地站（東海路）：都市觀光 3 線
・公交奧帆基地站（福州路南）：都市觀光 1 線
◎周邊：情人壩、五四廣場、音樂廣場、青島咖啡茶藝街

情人壩──慢活時光

京奧結束後，奧帆中心長 534 公尺的主防波堤變身青島戀愛勝地，不少情侶相約來此放閃，成為名副其實的「情人壩」。壩堤尾端建有一座白色燈塔，無霧時視線可由此延伸至整個浮山灣，蔚藍海水、點點船帆，令人心曠神怡。自詡為「落日控」的拍照發燒友，情人壩瞬息萬變、日落海上的美景更是不容錯過，即使行程再緊湊的遊客，也會不經意地停下腳步，好好享受身在青島的慢活一刻。晚間，情人壩附近的海鮮餐館與酒吧開始營業，偏好小酌幾杯的朋友，坐在臨海的露天座位上暢飲青島啤酒，是別於登州路啤酒街、台東八路海鮮街的浪漫選擇。

> **Data**
> 情人壩【地圖 p.195】
> ◎位置：浮山灣西側（奧帆博物館旁）
> ◎時間：全天
> ◎票價：免費
> ◎交通：
> ・地鐵五四廣場站
> ・公交奧帆基地站：210、231、402、504
> ◎周邊：奧林匹克帆船中心、五四廣場、音樂廣場、青島咖啡茶藝街

青島海昌極地海洋世界——生態活字典

　　2006 年落成的極地海洋世界，為一座海洋生物主題的大型旅遊綜合服務園區，展館內動物種類豐富，可近距離觀察白鯨、北極熊、企鵝、雪狼等珍貴極地動物與多不勝數的海洋生物，園區也有海豚、海豹、海獅的精采現場表演，唯展覽室窄小致使大型動物（北極熊、雪狼）顯得或鬱鬱寡歡或焦躁不安。與青島海底世界相仿，夏季總是擠滿人潮，雖不似海底世界動彈不得，但吵雜擁擠、萬頭攢動的盛況也稱不上舒適，如非必要，請避開最熱門的 8 月造訪。園區內飲料食物價位偏高，儘管餐廳攤位隨處可見、吃喝無缺，可惜 C/P 值不高，方便的話還是自行攜帶。

　　極地海洋世界的購票管道多元，除直接到現場購買原價票，也可透過網路找到較低廉的團購票，唯這類票券得到指定地點換票，手續相對麻煩。青島市區也有一些書報亭銷售與門票有同等效力的「紀念票」，此票得在專人帶領下才能入場，有時光等「專人」就得耗上不少時間，同樣不是好占的便宜。

Data

青島海昌極地海洋世界【地圖 p.7】
◎ 地址：東海東路 60 號
◎ 電話：80999777
◎ 時間：08:30 ～ 17:00（17:00 准時清場，最晚入場時間 15:30）
◎ 票價：極地海洋世界 ¥190、5D 動感體驗館 ¥60、套票 ¥220
◎ 交通：
　　・公交王家麥島站：102、104、110、125、301、304、311、321、382、403、501、632
　　・公交極地海洋世界站：都市觀光 1 線、11、102、317、504
◎ 周邊：情人壩、奧林匹克帆船中心、石老人海水浴場
◎ 官網：www.qdpolar.com
◎ 附註：美人魚表演時段 09:20、10:30、14:30、16:30；動物表演時段 09:40、11:00、
　　　　13:30、15:00、17:00；動物餵食表演／北極熊 10:10 ～ 11:30、14:00 ～ 15:30，
　　　　海象 10:10 ～ 11:30、14:00 ～ 15:30，海獺 09:00 ～ 11:00、13:30 ～ 16:30

青島國際啤酒城──Prost！乾杯！

　　青島國際啤酒城位於嶗山區，距離嶗山自然風景區約 10 公里，是一座以啤酒為主題的觀光園區。啤酒城的重頭戲是每年 8 月中下旬在此舉辦為期 16 天的國際啤酒節，遊客不僅可參與主辦單位規劃的酒王爭霸賽等活動，更能品嘗最新鮮的青啤及來自世界各國的啤酒。無可避免的是，啤酒節時啤酒定價往往高出一般價位數倍（單價 ¥50 起跳），一心到此牛飲的朋友得先掂掂荷包。

　　始於 1991 年的國際啤酒節已成為青島具代表性的節慶活動，從最初的純粹品酒到現在的啤酒嘉年華，無可避免有越發商業化的感慨。啤酒節雖號稱可品嘗中國乃至世界各地的代表美食，實際上卻常有消費高、不地道的遺憾，加上令人眼花撩亂的表演節目，反而使「啤酒」的特色失焦。建議想親身體驗青島國際啤酒節的朋友，開閉幕兩日是最佳時機。

　　須留意的是，原本舉行國際啤酒節的廣場所在地「香港東路 195 號（香港東路、海爾路叉口）」，已於近期改建成大型商場「百盛」與新興金融區「上實中心」（廣告詞正是「啤酒城上的新天地」），儘管公交車站仍名為「啤酒城」，但周邊早已人事全非。目前國際啤酒城的舉辦地遷至同在香港東路上、相距約 1 公里的青島大劇院旁，平日杳無人煙，只有國際啤酒節時才有活動。

Data

青島國際啤酒城
◎ 地址：青島大劇院旁帳篷區
◎ 時間：09:00 ～ 22:00（僅國際啤酒節期間營運）
◎ 票價：國際啤酒節 16 日通票 ¥15（時段 09:00 ～ 15:00）、¥30
　　　　（時段 15:00 ～ 22:00）
◎ 交通：
　‧ 公交青島大劇院站：104、301、304、313、321、362、386
　‧ 臨時專線車：啤酒節期間另有專車由李村公園、台東、渡輪、水清溝等站開出，
　　　　票價較公車略高，詳情參閱官網
◎ 周邊：青島市博物館、石老人海水浴場、嶗山自然風景區
◎ 官網：www.qdbeer.cn

石老人海水浴場——望女石的蛻變

　　位在嶗山區的石老人海水浴場，以水清砂細、海天一色的天然景致聞名，目前發展為集度假觀光、沙灘海上運動於一體的綜合性休閒海灘。石老人的名稱源於一塊矗立海上的同名巨石，性質屬受海浪沖刷侵蝕崩塌後與岸分離的海蝕柱，關於它的來歷還有個悲傷故事——相傳石老人原是住在山腳下的漁民，與聰明美麗的女兒相依為命，未料愛女竟遭龍宮太子搶走，父親在海邊日思夜盼，最終被龍王施展魔法、僵化成石。

　　時空流轉，石老人周圍海灘已成為青島市民闔家共度夏季時光的首選之一，此情此景，相信思念女兒的石老人也會感到安慰。需注意的是，石老人的海相較一浴、二浴複雜，風浪大、暗流多，曾發生大浪將遊客拍倒致使嗆水的意外，請務必注意自身安全，切莫涉足未開放水域。

> Data 石老人海水浴場【地圖 p.7】
> ◎位置：海口路一帶（黃海北側）
> ◎時間：沙灘全天；海上游泳 7 月 1 日至 9 月 15 日 09:00～18:00
> ◎票價：免費（寄存、沖水服務每次約 ¥30）
> ◎交通：
> 　‧公交青島大劇院站：104、301、304、313、321、362、386
> 　‧公交石老人浴場站：都市觀光 1 線、317、504
> ◎周邊：青島市博物館、青島國際啤酒城、嶗山自然風景區

嶗山自然風景區———中國沿海第一峰

　　嶗山作為中國海岸線上唯一海拔超過千公尺的山峰（嶗頂1,132公尺），素有「海上第一仙山」美譽，是旅客來到青島的必遊景點。由於地處齊魯文化發源的山海連接位置，嶗山早在兩千多年前就被視為「神仙之宅」，傳說秦始皇為求長生不老親自來此；詩仙李白曾到這求仙訪道，寫下詩句「我昔東海上，勞山餐紫霞」（唐詩〈寄王屋山人孟大融〉）；小說家蒲松齡亦多次遊覽嶗山，《聊齋誌異》中就有〈勞山道士〉等多篇小說是以這裡為背景；全真教掌門丘處機更三度入山傳教佈道，至今嶗山仍是中國道教聖地，山中道觀興盛，尤以建於西元前150年的太清宮最具歷史。

　　嶗山景區占地廣闊，遑論一日，就是數周也難走透，對停留時間有限的觀光客，取捨是必然的選擇。目前嶗山有七個遊覽區，按地理位置分成南線、中線與北線，南線由西向東依序為流清（龍潭瀑布、上清宮、明霞洞）、太清（太清宮）、棋盤石（嶗山唯一佛寺華嚴寺）及仰口遊覽區（天苑、覓天洞、太平宮、白龍洞），中線是巨峰遊覽區（嶗頂所在），北線則是北九水（觀音瀑）和華樓遊覽區（位置偏、遊客少），若只能停留一天，不妨在巨峰或仰口間擇一，這兩處不僅風景出眾，也有索道接駁，可省去步行上山的時間與辛苦。

　　需注意的是，儘管已付費進入遊覽區，內部一些景點仍需另外購票，像最熱門的太清宮門票就要 ¥27。公眾運輸方面，以自青島火車站發車的公交 304（票價全程 ¥6，琴島通打 8 折）與 311（票價全程 ¥7.5，琴島通打 8 折）最為便利，前者每日雙向發車（青島渡輪站 05:50 ～ 18:30、嶗山流清河 06:30 ～ 20:00）；後者每日由青島火車站發五班車（時間 06:45、07:45、08:30、13:00、15:00）、由嶗山臥龍村發五班車（時間 09:00、10:00、10:30、15:30、16:40），車程約 1.5 小時。須注意的是，若乘坐 304 入嶗山，請在「大河東遊客中心」（而非最後一站流清河）下車，因為此站是嶗山服務中心所在地，即「太清、華嚴寺、仰口景區」聯票 ¥130 的售票處與專線觀光車發車起點，可當日不限次數搭乘景區巴士穿梭其間。

　　由於進入嶗山內各景區都須驗票＋按壓指紋，請務必將門票保管妥當，若不幸遺失，在不重新購票的情況下，不僅無法入景區，連觀光車也不能乘坐（得轉搭一般公交車），十分麻煩。另提醒自助行的朋友，嶗山景區內常見自稱「嶗山三分看、七分聽」的跑單幫式導遊，一旦聘請他們介紹，就會陷入「被控制」（哪裡值得看、哪裡快點走）的窘境，筆者並不推薦。實際上，只要在途中注意周遭標誌，多數問題都可迎刃而解（譬如哪裡搭車、何處購票等），著實無須另外付費請導遊來「管」自己。

遊覽嶗山除搭乘公交或包車，也可考慮當地酒店或旅行社安排的團體行程，雖有行動受限的缺點，但可免去搭車轉車種種瑣事，只需放空頭腦跟著走。整體而言，單日遊團費約在¥200上下，包含來回接送與嶗山門票，選擇時不只看標價，因為費用也牽涉到是否需要自費與有無安排購物，若想玩得無壓力又盡興，建議挑選略貴（價差約¥60）的無自費購物優質團。

　　若有意在嶗山景區內留宿，淡季尚可前幾日或當天碰運氣，如遇青島啤酒節舉辦的8月旺季，區內一房難求，最少需提前兩周預訂。除了正規酒店，景區也有體驗農村生活的農家樂（集飲食、住房、觀光的休閒度假園區），鄰近華嚴寺的返嶺村和仰口附近的雕龍嘴村位置稍偏，村民樸實親切、房間清潔簡單，即使旺季也有空房，適合有意體驗真實鄉村生活的遊客。交通方面，嶗山禁止私家車駛入，專線觀光車外，也可利用在景區內運行的公交618路，省時省力之餘，亦能欣賞「嶗山景區旅遊專用路」畔山海交會的景致。最後，基於山區路多複雜、氣候變幻莫測，切忌一人上山甚或鑽小徑探險，以免發生迷路、受傷等意外。

Data
崂山自然風景區
◎ 地址：梅嶺路 29 號
◎ 電話：96616
◎ 時間：07:30 ～ 18:30
◎ 票價：七個遊覽區中有四個單獨售票，也有販售南線單日四景區與雙日五景區套票
  · 仰口遊覽區：旺季 ¥90、淡季 ¥60；太清索道單程 ¥45、來回 ¥80；仰口索道單程 ¥35、來回 ¥60
  · 巨峰遊覽區：旺季 ¥80、淡季 ¥50；巨峰索道單程 ¥40、無來回優惠
  · 北九水遊覽區：旺季 ¥65、淡季 ¥40
  · 套票（南線四景區）：旺季 ¥130、淡季 ¥100
  · 套票（南線四景區＋巨峰兩日）：旺季 ¥190、淡季 ¥160
  · 華樓遊覽區：¥10
  · 南線旅遊觀光車：¥40
  · 北九水旅遊觀光車：¥30
  · 崂山太清索道：單程 ¥45、雙程（來回）¥80
◎ 交通：
  · 公交仰口站：106、109、110、312、371、383、615、616、618、620、627、635、926
  · 公交華樓山站：102、311、365、619
  · 公交流清河站：104、114、304
  · 公交北九水站：639
◎ 官網：www.qdlaoshan.cn

藉由港口經濟崛起的青島，基於現代化過程中的西化情形明顯、傳統文化蓄積不深等因素，長年背負「文化沙漠」的負面評價。近十餘年，在官方政策扶植與民間積極投入的雙重努力下，透過多層次的文化建設和整體營造重塑城市底蘊，逐步翻轉曾經的刻板印象。如今，青島市內不僅有具當地特色的博物館、美術館，巷弄內更不時可見講究選書的獨立書店，加上越發蓬勃的個性咖啡館與手作雜貨鋪，曾經有志難伸的文化沙漠已蛻變為海納百川的文創沃土。

PART 4

我的
文「青」
時光

獨立書店——
有溫度的閱讀、做自己的
書店

紙有境界——書是唯一

　　「只不過是加入了一些自己做的產品，比如這些本子和書櫃，沒想到這些東西卻搶走了書的鋒頭，書在這裡卻成了陪襯。」竹籬笆、草柵欄的店面自然愜意，店內書籍隨意擺放一如自家隨手疊起的書堆，搭配手作風格的瓦楞紙書櫃……座落於湖北路、整排德式建築間的「紙有境界」，主營文學、歷史與設計類書籍，無疑是青島眾獨立書店中最富設計感與個人色彩的一家。儘管書店因有手感溫度的創意「紙書櫃」受到矚目，引來不少媒體採訪，但在店主心中，書才是「紙有境界」的主角。

　　「你要看清楚書店這個行業的本質，它從來也沒有火過，也從來沒有完全不行過，它永遠就是這麼一直不慍不火地存在著。」實體書店的未來雖然有挑戰卻不悲觀，相信只要專注投入經營，戮力推廣欣賞與通讀經典的古文美感，就是面對重重挑戰的永續之道。有趣的是，「紙有境界」的風格不僅展現在理念，也體現在開店時間，別於 24 小時營業的同業「明閱島」（香港中路 67 號，隸屬新華書店集團），它只著眼短短 4.5 小時的午後時光，時不時還會讓熱門熟路的熟客撲空，不愧是書友眼中「老闆任性」的特色書店。

Data

紙有境界【地圖 p.196】
◎地址：湖北路 13 號
◎時間：13:30 ～ 18:00（周日休）
◎交通：
　‧地鐵青島站
　‧公交中山路站：隧道 3 路、隧道 7 路、2、5、205、218、222、228、231、301、305、320、325、366
　‧公交棧橋站（中山路）：8、301、305、308、320、325、412
　‧公交安徽路站：221、225
◎周邊：青島文學館、浙江路天主教堂、青島郵電博物館、膠澳總督府舊址、德國領事館舊址、棧橋、中山路商圈

良友書坊——海派舊時光

　　與青島郵電博物館座落於同棟德式建築的「良友書坊」，地理位置優越，不僅店名取自老上海時期的《良友畫報》，整體風格亦延續 20 年代海派的文化氛圍。書坊大致分為兩個區域，左側為書吧＋咖啡館，右側則是藝術展館＋訂製服裝展售開。圖書部分主要有「我們的書」與「朋友的書」兩類，前者為「良友書坊」自行策劃的出版品，後者是長年來累積的作者人脈與青島本地作家出版的書籍。店內處處可見復刻版的舊雜誌與老海報，也有別具風格的明信片和景觀植栽，憑著耕耘小眾讀物及慵懶懷舊氣氛廣受喜愛。

良友書坊【地圖 p.196；p.200】
◎ 地址：安徽路 5 號（廣西路、莒縣路叉口）
◎ 電話：82863900
◎ 時間：10:00 ～ 21:00
◎ 交通：
　・地鐵青島站、人民會堂站
　・公交棧橋站（廣西路）：都市觀光 1 線、都市觀光 3 線、隧道 2 路、6、25、26、
　　202、217、220、223、304、307、312、316、321、501
　・公交棧橋站（太平路）：都市觀光 1 線、隧道 2 路、隧道 6 路、25、223、225、
　　304、307、311、312、316、321、501
　・公交青島路站：6、25、26、202、217、220、223、304、307、311、312、316、
　　321、501
◎ 周邊：青島郵電博物館、青島文學館、棧橋、中山路商圈、膠澳總督府舊址、德國
　　領事館舊址、天后宮
◎ 微博：tw.weibo.com/ourliangyou

繁花 · 我們圖書館──所有人的繁花祕境

　　「繁花 · 我們圖書館」是間混合圖書館、咖啡、沙龍、簡餐、密室、出版與策展的獨立書店，由多位愛書人共同出資創設，選書處處體現文藝風雅與人文關懷。店名「繁花」取自勞倫斯 · 卜洛克（Lawrence Block）的著作《繁花將盡》（*All the Flowers are Dying, 2005*），「我們圖書館」則源於合夥人之一馬胡子經營的「我們書店」（昌樂路 1 號天福文化新天地 3 樓 D07），期許這裡能夠成為「所有人的繁花祕境」。書店位於一棟 1930 年代建成的巷內舊屋舍二樓，門口有棵參天梧桐樹，位置靜僻、舒適簡樸，可以優閒地翻閱書籍、輕鬆地品嘗咖啡，也或者和慵懶的店貓交個朋友。

> **DATA** 繁花 · 我們圖書館【地圖 p.197；p.198】
> ◎地址：江蘇路 59 號甲 2 樓
> ◎電話：82791712
> ◎時間：10:00 ～ 21:00
> ◎交通：
> ・公交市立醫院站：隧道 1 路、隧道 3 路、隧道 5 路、隧道 7 路、新區旅遊專線 L2 路、2、5、205、212、218、222、301、305
> ・公交觀象路站：1、221、225
> ・公交六中站：214
> ◎周邊：青島聖保羅堂、觀象山公園、龍山路基督教堂、即墨路小商品市場
> ◎微博：weibo.com/u/2966925411

不是書店──唐吉訶德的微妥協

　　以獨立精神、自由思想為經營理念的「不是書店」，是將書店、圖書館、咖啡館、文創雜貨融於一體的「後書店時代」複合式概念店。老闆張兵林早在 90 年代已開設被視為青島文化先鋒標誌的「學苑書店」（高密路創始店於 2015 年底因都更拆遷而移往泉州路），介紹最新的外國文學、搖滾音樂與當代文藝思潮，是青島書友圈的朝聖地標。然而，隨著網路書店的衝擊、閱讀市場的萎縮，張兵林坦言，單純環抱「唐吉訶德和風車決鬥」的理想主義已無法對抗「來書店的人越來越少」的殘酷事實，他曾長期在收支平衡間掙扎，最終選擇接受台灣誠品轉虧為盈的「複合商場」策略，透過販售明信片、手工藝等使「學苑書店」的窘境獲得緩解。2009 年開設的「不是書店」，更活用咖啡＋閱讀的加乘效果，挽回純書店乏人問津的頹勢。

　　「書是一個店的支柱，書的品質和更新速度都很重要。」雖然被迫妥協於「不只賣書」，「不是書店」仍以「書」為主軸，並選擇主打人文類出版品，延續自「學苑書店」以來的閱讀氛圍與多元素養。「不是書店」不只有書、有咖啡，也吸引各個年齡層的愛書人，配合獨立電影放映、座談會等藝文活動，形成具包容力的藝文空間。儘管類似風格的書店在台灣並非罕見，但由於是以青島為主軸，陳列的書籍與挑選的雜貨相形別有一番趣味。

不是書店【地圖 p.195】

◎ 地址：南京路 100 號創意 100 產業園區 121 室（鄰近「時光印記活字印刷」）
◎ 電話：80809565
◎ 時間：10:00 ～ 21:30
◎ 價位：美式咖啡 ¥30、現榨果汁 ¥28
◎ 交通：
 ‧ 地鐵江西路站
 ‧ 公交二中分校站：12、26、32、33、125、202、210、218、220、222、312、319、
   322、370、601、604
◎ 周邊：青島咖啡茶藝街、五四廣場、音樂廣場、奧林匹克帆船中心、情人壩
◎ 微博：weibo.com/sonospace

蛋花咖啡館──雞蛋花與貓

　　清新可愛的「蛋花咖啡館」是間蘊含慢活步調的閱讀式咖啡館，特別的店名並非來自想當然耳的蛋花湯，而是店主夫婦偏好的南洋雞蛋花。「我家就是書多了點的咖啡店。」「蛋花咖啡館」的定位遊走於知識與口腹之間，書籍以建築、園藝為主，自製的飲料、甜點也有一定水準，其中名為藍墨水與紅領巾的特調果汁氣泡飲、混合中日特色的創意茶湯，以及紅茶乳酪蛋糕、提拉米蘇都獲好評。陽光灑落的玻璃屋，簡約溫潤的木質桌椅，生機蓬勃的多肉植物，慵懶悠哉但不一定見得著的隱藏版店貓，「蛋花」沒有花俏繁複的空間設計，自然散發讓人放鬆的清新氛圍。

Data
蛋花咖啡館【地圖 p.195】
◎ 地址：南京路 107 號（創意 100 產業園區斜對面）
◎ 電話：66061985
◎ 時間：10:00 ～ 22:00
◎ 價位：普洱胎菊 ¥35、奇異果汁 ¥35、紅茶芝士蛋糕 ¥35
◎ 交通：同「不是書店」
◎ 微博：tw.weibo.com/plumeriacoffee

學苑書店──巷弄裡的文史哲

　　隱身在泉州路日式酒吧間的「學苑書店」，與金工飾品手工鋪分租空間，門面純白清爽，店內有數個「頂天立地」的仿舊書架，上面擺滿密密麻麻的書籍，販售咖啡與陶器、個性書籤、青島風明信片等文創雜貨。延續高密路創始店的初衷，搬家後的「學苑」同樣著重小眾路線，大量蒐羅國內外的文史哲類出版品，不少冷門艱深的專業書籍都能在此覓得。店內氣氛隨和悠閒，木質地板偶爾嘎嘎作響，可以站著翻翻書或點杯咖啡小憩片刻，重溫久違的閱讀樂趣。

Data 學苑書店【地圖 p.195】
◎ 地址：泉州路 22 號（燕兒島路口南）
◎ 電話：85927703
◎ 時間：10:00 ～ 21:00
◎ 交通：
　‧ 地鐵江西路站
　‧ 公交香港中路站：12、208、210、216、228、314、363、374
　‧ 公交書城站：222、309、369、503
◎ 周邊：青島咖啡茶藝街、奧林匹克帆船中心、情人壩、五四廣場、音樂廣場
◎ 微博：tw.weibo.com/2727804013

我們書店——淘書、賞茶、聊星座

「『我們』躲在三樓角落裡，閒逛的很少能發現我們，多半是路過門口說一句：『這裡還有個書店！』或者是：『現在還有人開書店？』」「我們書店」是難得的純粹「書」店，整個空間裝著滿坑滿谷的書，類別以文學、歷史與社會科學為主，市面上難淘的冷門學術專書和台灣出版的繁體字書也能找著，配合動輒 5 到 7 折的優惠價，使這裡成為文人雅士、文青書蟲淘寶的熱點。老闆之一的馬兔子笑言：「書店是兩不靠譜的傢伙腦袋一熱開起來的。馬胡子今年說過，只要不賠錢，書店是不會放棄的，除了賣書，不會做別的……」合夥人馬胡子的樂趣是從茫茫書海中找到有價值或被人忽略的作品，鎮店的兩萬冊書籍便是他逐一在北京挑選再運來青島的精選，如果不合意，就是再賺錢的暢銷書也無緣進入「我們」。沒有咖啡與文創雜貨的「我們書店」，僅在店內閣樓布置了簡單的品茶區，悠遊書海茶香之餘，也可與喜愛研究星座的老闆，聊聊運勢和人生。

DATA
我們書店【地圖 p.199】
◎ 地址：昌樂路 1 號天福文化新天地 3 樓 D07（近利津路）
◎ 電話：89751365
◎ 時間：10:00 ～ 18:00
◎ 交通：
 · 公交利津路站：隧道 3 路、隧道 7 路、2、8、211、217、218、221、222、232、301、320、326、365、371
 · 公交華陽路站：隧道 4 路、隧道 8 路、2、5、8、20、21、24、209、211、217、218、222、301、303
 · 公交昌樂路站：215、371
 · 公交天幕城（利津路）：都市觀光 3 線
◎ 周邊：青島文化街、青島啤酒街、清和路基督教堂、台東三路步行街
◎ 微博：weibo.com/1772399955

如是書店──集資孵育文化夢

「獨立書店不是模仿別人，是做自己吧！」別於獨立書店小規模、個性化的印象，2015 年春開幕的「如是書店」是座占地近 500 坪的生活美學體驗館。如此反其道而行（實體書店紛紛萎縮倒閉）的投資，來自 50 位有文化夢想的同好（包含「不是書店」老闆），融合簡約寬敞的空間與友善舒適的環境，期許這裡能夠成為青島本土原創文化的領航者。「如是書店」不僅精選各領域的書籍，也橫跨文創市集、品牌咖啡、藝術展廳、表演劇場、植栽園林等多重領域，並且經常舉辦座談沙龍、放映展覽等互動式的主題活動，是匯聚各種藝術形式的獨立文化空間。

「我們能保證的是，你在『如是』讀到的每一本書都不會浪費你的時間。」書店對自身的挑書很有信心之餘，也提供相當優質的閱讀場所，期許讀者由此獲得新知。與「不是書店」相仿，「如是書店」在環抱夢想的同時也兼顧現實營運，從繽紛多樣的創意雜貨、精緻小巧的多肉植物到濃郁醇厚的現煮咖啡，人們在此可一次滿足五感享受。儘管地理位置稍偏，「如是」依舊是當地不少文青下班、周末假日休憩的首選，無論是看書、喝咖啡抑或逛展覽、聽演講，都是使人身心舒暢的美好旅程。

DATA 如是書店【地圖 p.7】

◎地址：銀川東路 3 號國信體育館南門 M 區一層
◎電話：66008989
◎時間：09:30 ～ 21:00（周六、日開門時間提早至 09:00）
◎價位：冰美式咖啡 ¥30、焦糖冰沙 ¥35
◎交通：
  ‧公交國信體育館東：102、125、312、313、362、461、612
  ‧公交國信體育館南門：312、314、461
◎周邊：青島國際啤酒城、青島市博物館、石老人海水浴場
◎微博：weibo.com/sobooks

玩味咖啡───
細品青島咖啡館的人文點滴

蝸牛咖啡吧──品一杯青島好咖啡

開業邁入第 15 年的「蝸牛咖啡吧」，在鮮少推廣宣傳的低調經營下，依舊憑著講究且豐富的咖啡與調酒品項、親切細膩的服務態度，以及親手製作的美味甜點，贏得在地顧客、大批網友及業內人士的口碑，穩居造訪青島不容錯過的頭號首選。「蝸牛」一如其名，門面不大但裡頭別有洞天，店內布置溫馨舒適、格調清新，從兼具實用與懷舊的老式壁爐、桌上擺件、咖啡器具到端上桌的飲料、餐點皆有相當水準。可貴的是，「蝸牛」從烘豆便一手包辦，密密麻麻的咖啡選項堪稱職人等級，和筆者一樣挑得頭腦發暈？不妨請店家提供專業推薦。

蝸牛咖啡吧【地圖 p.196】
◎ 地址：大沽路 22 號甲
◎ 電話：82823013
◎ 時間：10:30 ～ 23:00
◎ 價位：濃縮冰滴咖啡 ¥42、檸檬冰沙 ¥35、耶加雪菲
　　　　（衣索匹亞耶加雪菲產、有柑橘風味的咖啡
　　　　豆）¥38、提拉米蘇 ¥35、華夫餅（即鬆餅）¥42
◎ 交通：
　　・地鐵青島站
　　・公交大沽路站：2、5、6、218、221、412
◎ 周邊：中山路商圈、劈柴院美食街、青島火車站、
　　　　浙江路天主教堂、青島文學館

指紋咖啡畫廊──「藝」類文青

　　「指紋，每個人都有，有共性。每個人又都不一樣，有個性。我們做任何事都會留下指紋，指紋是我們創造力的佐證。」店主解釋咖啡館名稱的由來，短短幾句便道盡「指紋」普遍存在卻又獨一無二的特性。鄰近熙來攘往的劈柴院，「指紋咖啡畫廊」自詡為「咖啡館＋畫廊＋設計工作室＋繪畫培訓課程＋N次方」的複合式園地，與周圍環境既相異又相容的特殊關係，可謂大隱隱於市的最佳例證。打開牛皮紙上的手寫菜單卷軸，來到「指紋」除了品嘗咖啡，亦可欣賞掛在店內的手繪作品，沉浸在愜意寧靜的文藝空間。

DATA
指紋咖啡畫廊【地圖 p.196】
◎ 地址：河北路 16-4 號（劈柴院後門斜對面、家樹旅舍內）
◎ 電話：64202710
◎ 時間：10:00 ～ 22:00
◎ 價位：焦糖瑪奇朵 ¥35、百香果蘇打 ¥30、梨汁 ¥30
◎ 交通：
　 ・地鐵青島站
　 ・公交大沽路站：2、5、6、218、221、412
　 ・公交河南路站：218
◎ 周邊：劈柴院美食街、中山路商圈、浙江路天主教堂、青島火車站
◎ 微博：tw.weibo.com/zhiwenkafei

蘭公子咖啡生活館——當青島的台東人來到台灣的台東縣

　　「蘭公子」是一間頗富店主風格的咖啡小店，店內位置不多、輕鬆愜意，咖啡香濃醇正，現點現製的酸奶冰淇淋香醇清爽，是夏季造訪的必點招牌。年輕店主為青島台東出身的本地人，牆上貼著赴各地旅行的紀念照，其中也包括 2014 年夏赴台灣單車環島的留影。如同我們對青島有台北路、台灣路的驚喜，出身青島台東的店主也對台灣有台東縣、台北有青島（東西）路印象深刻，來此喝咖啡、吃冰淇淋的同時，不妨與他聊聊彼此故鄉的點點滴滴。

Data

蘭公子咖啡生活館【地圖 p.197；p.198】
◎ 地址：江蘇路 44 號 9 戶（觀象二路上、青島聖保羅堂斜對面）
◎ 電話：18653219209
◎ 時間：09:00 ～ 21:00（不定休）
◎ 價位：酸奶冰淇淋 ¥25、拿鐵 ¥30
◎ 交通：
　・公交市立醫院站：隧道 1 路、隧道 3 路、隧道 5 路、隧道 7 路、新區旅遊專線 L2 路、2、5、205、212、218、222、301、305
　・公交觀象路站：1、221、225
　・公交六中站：214
◎ 周邊：青島聖保羅堂、觀象山公園、即墨路小商品市場、德國風情街、龍山路基督教堂

沙朴庭院咖啡館──城市裡的寧靜時光

　　位在老城區巷弄裡的「沙朴庭院咖啡館」，店名取自庭院內一棵高大的朴樹（山東常見的喬本落葉樹，一般可達 10 至 25 公尺），周圍放著幾組木製桌椅與鞦韆、盆栽等擺設，春夏天氣晴朗時最適合坐在戶外欣賞滿園花草（秋冬則相對蕭瑟）。室內裝潢以木質家具與花束盆栽為主，餐具、擺盤也頗講究，另有店家精選的明信片、包裝茶等小商品展示其間，整體氣氛鬧中取靜、簡單溫馨。咖啡館的另一個特色，是一座橫跨整面牆的大書架，上面放置店主喜歡的書籍，是當地文青十分偏愛的書吧＋咖啡吧。

DATA
沙朴庭院咖啡館【地圖 p.200】
◎地址：黃縣路 35 號
◎電話：82869793
◎時間：10:00 ～ 22:00
◎價位：伯爵奶茶 ¥35、耶加雪菲 ¥30、百香暖飲 ¥30、
　　　　拿鐵 ¥30、芝士蛋糕 ¥30、提拉米蘇 ¥30
◎交通：
　‧地鐵人民會堂站
　‧公交大學路站：1、6、25、26、202、214、223、
　　225、228、231、304、307、311、312、316、
　　321、367
　‧公交龍口路站：220、411
◎周邊：老舍故居、迎賓館、信號山公園、江蘇路基
　　　　督教堂、梁實秋故居、青島德國監獄舊址博
　　　　物館、天后宮
◎微博：tw.weibo.com/shapucoffee

咖啡空間──陽光下的美好一刻

　　隨著近年咖啡與雜貨文化盛行，大學路附近的咖啡店與雜貨鋪就如雨後春筍般迅速萌芽，街道上洋溢溫文雅致的清新氣質，其中名氣最響的「咖啡空間」即為大學路上的代表。與外觀的厚重感截然不同，「咖啡空間」的內部裝潢屬隨興自在的波希米亞風格，一半空間是無遮蔽的玻璃屋，繽紛的家具擺件與恰到好處的綠色植栽，在玻璃屋頂引入的自然光源下更顯溫暖。一抬頭，夏季是青青樹蔭、冬季是靄靄白雪，無論何時造訪，只需靜靜坐在店內，就能品嘗無價的四季變幻。

> **Data**
> 咖啡空間【地圖 p.200】
> ◎ 地址：大學路 41 號院（店門在大學路上、青島市美術館斜對面）
> ◎ 電話：82868215
> ◎ 時間：09:30 ～ 21:30
> ◎ 價位：火山 ¥30、冰拿鐵 ¥32、香提奶油抹茶芝士蛋糕 ¥25
> ◎ 交通：
> 　　・地鐵人民會堂站
> 　　・公交大學路站：1、6、25、26、202、214、223、225、228、231、304、307、311、312、316、321、367
> 　　・公交魚山路站：220、411
> ◎ 周邊：老舍故居、梁實秋故居、迎賓館、信號山公園、青島德國監獄舊址博物館、天后宮
> ◎ 微博：tw.weibo.com/qdcoffeespace

長頸鹿咖啡──療癒系動物園

如果有一支纏著厚重線圈的電線桿豎在正門口，身為老闆的你該怎麼辦？「長頸鹿咖啡」的店主選擇將它畫上淡黃色的斑點，原本無生命又煞風景的它，搖身一變成為可愛且吸睛的牠！咖啡館由一對 30 出頭的年輕夫妻經營，以柔和的原木色系為主調，不僅與長頸鹿的膚色相仿，也符合店內木質寫意的田園風格。由老屋改造的「長頸鹿咖啡」，除了一樓的臨窗座位，也設有閣樓雅座，無論身在何處都是值得玩味的風景。窗檯盆栽、牆上畫作、手寫菜單、動物布偶，連咖啡上的拉花也有活靈活現的貓熊駐足，從裝潢到餐點處處可見店主的用心，一如他們「打造青島最溫馨治癒系咖啡小館兒」的願望。

Data

長頸鹿咖啡（創始店）【地圖 p.200】
◎ 地址：大學路 41 號院（店門在與大學路接壤的黃縣路上、老舍故居斜對面）
◎ 電話：82861728
◎ 時間：09:00 ～ 21:30
◎ 價位：太妃拿鐵 ¥32、焦糖瑪奇朵 ¥32、美式咖啡 ¥25、藍莓芝士蛋糕 ¥25
◎ 交通：同「咖啡空間」
◎ 微博：tw.weibo.com/giraffecoffee

海邊的貓和咖啡館——喵星人無所不在

　　「海邊的貓和咖啡館」是間鄰近小魚山，以貓為主題的咖啡店，店家不僅收養附近的流浪貓、自己養貓、處處是貓為主角的擺件和插圖（分析每隻喵星人的個性和相互關係），連菜單上的手繪塗鴉也是可愛的喵喵，對愛貓者而言確是療癒身心的夢幻天堂。咖啡館座落在鄰近小魚山的老房子二樓，布置看似簡單隨興實際處處用心，咖啡、甜點與簡餐滋味不錯，每逢旺季經常一位難求。在咖啡館裡，眼睛看的、嘴裡喝的、手上摸的都是「喵星人」，如果時間寬裕，消磨數小時也不成問題。

> Data
> 海邊的貓和咖啡館【地圖 p.201】
> ◎ 地址：福山支路 15 號院 2 層院內（小魚山北門入口對面）
> ◎ 電話：82880850
> ◎ 時間：10:00 ～ 21:30
> ◎ 價位：卡布奇諾 ¥28、冰美式咖啡 ¥28、愛爾蘭咖啡 ¥40、芝士焗飯 ¥38、咖哩火腿蛋包飯 ¥35、看見什麼吃什麼（三種甜點隨機搭配）¥35
> ◎ 交通：
> 　・地鐵人民會堂站、匯泉廣場站
> 　・公交海水浴場站：都市觀光 1 線、都市觀光 3 線、隧道 2 路、隧道 6 路、6、15、26、31、202、214、219、223、228、231、302、304、311、312、316、321、368、370、411、468、501、604、605
> 　・公交小魚山站：220
> ◎ 周邊：小魚山公園、康有為故居、第一海水浴場、青島海底世界、魯迅公園、梁實秋故居
> ◎ 微博：tw.weibo.com/idlecafe

稍思咖啡館──八大關內的藍與白

　　「稍思咖啡館」座落於幽靜的八大關別墅群內，是一棟地中海風格的藍白色小別墅，咖啡館英文名「Sauce」是店主想為每位客人生活中加點料的心意，而看似直譯的中文名「稍思」，也有希望人們能在店裡停下腳步、沉澱思考的弦外之音。店內布置簡單清爽，牆面架上放置的公仔、玩具擺設，營造如家一般的溫馨感。「稍思」的咖啡師曾獲青島咖啡大賽一等獎，咖啡使用新鮮烘焙的咖啡豆，蔬果汁以新鮮水果現榨而成，其他麵包、糕餅與甜點同樣全由店家自製，讓來客品嘗食物純粹自然的美好。

稍思咖啡館【地圖 p.204】
◎地址：榮城路 9 號甲
◎電話：83888266
◎時間：09:30 ～ 20:00
◎價位：荷蘭冰滴 ¥32、抹茶拿鐵 ¥32、檸檬蘇打 ¥32、水果華夫餅 ¥42、培根三明治 ¥32、
　　　　牛肉漢堡 ¥38
◎交通：
　‧地鐵中山公園站
　‧公交中山公園站：都市觀光 1 線、6、15、26、31、202、206、214、219、223、
　　228、231、302、304、311、312、316
　‧公交天泰體育場站：隧道 2 路、隧道 6 路、6、31、206、214、302、306、317、
　　411、605
◎周邊：八大關、中山公園、第二海水浴場、花石樓、太平角公園

一杯滄海──天之涯、地之角

　　隱身在太平角海濱木棧道一隅的「一杯滄海」，位置難尋且不顯眼，是間富有度假情調與隱世色彩的個性咖啡館。由於鄰近海畔，能夠毫無障蔽地欣賞整片蔚藍海洋，天氣舒爽、陽光柔和時，不妨坐在戶外區，享受迎面而來的海風與爽朗的浪濤聲；氣溫炎熱、烈日當空時，則可留在室內的透明玻璃窗前，靜靜欣賞海天一色的無敵海景。店內走混搭溫馨風格，用料精心挑選（標明產地與有機），古典風情的杯盤器具講究而不浮誇，不僅如此，每位客人都會獲贈配有松露巧克力、新鮮櫻桃與餅乾條的點心組合，更是倍感貼心。儘管價位較同類咖啡館高，但從環境、服務到餐點均令人滿意，值得撥空前來。

> **Data**
> 一杯滄海【地圖 p.205】
> ◎ 地址：太平角一路海濱木棧道（沿太平角一路靠海濱木棧道行走即達）
> ◎ 電話：83876588
> ◎ 時間：周一至周五 13:00 ～ 20:30、例假日 10:00 ～ 21:00
> ◎ 價位：吉力馬扎羅 ¥65、昂列咖啡（冰滴咖啡）¥59、純粹胡蘿蔔汁 ¥59、杏汁 ¥59、
> 　　　　泰姬奶茶 ¥65 ／壺、樹莓白茶 ¥69
> ◎ 交通：
> 　‧ 地鐵太平角公園站
> 　‧ 公交一療站：26、31、202、206、223、228、231、304、311、312、316、317、
> 　　　321、468、501、604、605
> ◎ 周邊：太平角公園、花石樓、八大關、第二海水浴場
> ◎ 微博：weibo.com/u/2276380620

山姆的家藝術攝影客棧── 綠樹紅瓦、處處如畫

　　位在小魚山公園旁的「山姆的家」，是一棟由百年德式別墅改建的民宿兼咖啡館、攝影藝術工作坊，主人正是來自台灣的攝影師山姆。民宿座落於福山支路山坡的制高點，平日為保持安寧多關上門（按電鈴即有人應門），若無事先查找資料，肯定無法發現這座悠閒低調的祕密花園。經過十餘年照料，花園已是茂密繁盛，隨著季節變換色彩，店家供應咖啡強調現磨手沖，使用來自嶗山的山泉水，濃醇順喉頗具職業水準，透著陽光的午後，坐在露天茶座品嘗午茶，確是旅途中的奢侈一刻。民宿共有 9 間客房（山景、海景與山海景兼備等選項）、無電梯，價位自 1,500 至 3,500 台幣不等，可透過官網或 Booking.com 訂房。

山姆的家藝術攝影客棧【地圖 p.201】
◎地址：福山支路 20 號（近小魚山北門入口）
◎電話：18661622266
◎時間：入住 14:00 以後、退房 12:00 以前
◎設施：免費 Wi-Fi、行李寄存、旅行導覽、早餐
◎交通：
　・地鐵人民會堂站、匯泉廣場站
　・公交海水浴場站：都市觀光 1 線、都市觀光 3 線、隧道 2 路、隧道 6 路、6、15、
　　26、31、202、214、219、223、228、231、302、304、311、312、316、321、
　　368、370、411、468、501、604、605
　・公交小魚山站：220
◎周邊：小魚山公園、康有為故居、第一海水浴場、青島海底世界、魯迅公園、梁實秋故居
◎官網：www.samhostel.com
◎附註：信用卡部分，店家僅收取中國發行的銀聯卡，其餘只能以現金結帳

可兒咖啡館——田園鄉村咖啡吧

在競爭激烈的咖啡茶藝街中,「可兒」以鄉村木屋酒吧風格異軍突起,從招牌、圍籬到窗框全都是木製柵欄,視覺上已非常豐富,加上用色大膽繽紛,達到引人矚目的效果。店內裝潢走美式懷舊風,舊時的鑲嵌玻璃檯燈與大片彩繪玻璃相互呼應,以金屬吊燈為核心的中空樓層設計十分特別,利用空酒瓶與掛畫的擺設更添氣氛,搭配節奏輕鬆的西洋音樂,營造鄉村酒吧般的異國感。

曲奇摩卡是「可兒」的招牌飲品,賣點是上面繪有可愛的 Q 版人臉,以奶泡、巧克力醬和餅乾屑製作的拉花有男女兩款,女生自然是「可兒」,而四方眼鏡男則是鄰近分店「豆子咖啡館」(閩江二路 17 號)的代表人物,兩間店內都可嘗到男女兩版。有趣的是,位於同條街上的「可兒」與「豆子」調性相仿,裝潢皆屬雜貨創意混搭風格,均設有室外座位、陽傘和藤椅,室內都是頗具情調的柔黃光線,無論早午晚抑或深夜造訪皆別有一番趣味。

Data

可兒咖啡館【地圖 p.195】
◎ 地址:閩江二路 27 號
◎ 電話:85758585
◎ 時間:09:00 ～凌晨 03:00
◎ 價位:曲奇摩卡 ¥35、咖啡冰沙 ¥35、大理石蛋糕 ¥25、巧克力鬆餅 ¥26
◎ 交通:
　‧ 地鐵江西路站
　‧ 公交福州南路站:12、208、210、216、228、314、363、374、402、503、601
　‧ 公交閩江二路站:222
◎ 周邊:青島咖啡茶藝街、奧林匹克帆船中心、情人壩、五四廣場、音樂廣場

手作雜貨——
徜徉青島小清新

嘉木美術館——青島今昔

　　2013 年 9 月開始對外開放的「嘉木美術館」，位於一幢兩層百年德式老宅內，不僅收藏青島各個時期的風景照與寫生畫，更是青島首間私人創辦的獨立美術館。美術館占地不大，裝潢簡約典雅，只有幾個簡單且富有質感的展示空間，定期邀請當地藝術家在此舉辦展覽，為青島頗富知名度的人文藝術場域。展覽之餘，「嘉木」也販售多款以青島為設計元素的手作工藝與美術作品，隔鄰則是頗富質感的「美樹嘉咖啡館」，滿足人們購物與休憩的需求。

DATA
嘉木美術館【地圖 p.197】
◎ 地址：安徽路 16 號
◎ 時間：周一至周五 10:00 ～ 17:00、周六與
　　　　周日 09:30 ～ 17:00
◎ 票價：免費
◎ 交通：
　・地鐵青島站
　・公交棧橋站（廣西路）：都市觀光 1 線、
　　都市觀光 3 線、隧道 2 路、6、25、
　　26、202、217、220、223、304、307、
　　312、316、321、501
　・公交棧橋站（中山路）：8、301、
　　305、308、320、325、412
　・公交安徽路站：221、225
◎ 周邊：青島文學館、浙江路天主教堂、青
　　　　島郵電博物館、膠澳總督府舊址、
　　　　德國領事館舊址、棧橋、中山路商
　　　　圈、劈柴院美食街、青島火車站
◎ 微博：tw.weibo.com/3655940647

昨日鄉村 · 原木工坊──雜貨控的外拍天堂

　　「昨日鄉村 · 原木工坊」專售田園鄉村風格的家居商品與手作雜貨，空間設計屬自然文藝的森林系小清新風格，架上展示店主自各處蒐羅而來的手繪瓷盤、咖啡杯、陶質或木製器皿、綠色植栽、廚房用具等，有的並不多見、有的甚至僅此一件。除了現成品，「昨日鄉村」也可根據客戶需求的尺寸和顏色訂做家具，再繪製獨一無二的圖案，感受濃濃的手作溫暖。除了大學路，「昨日鄉村」在南京路 100 號 108 室也設有分店，造訪「不是書店」、「時光印記」時也可順道一探。

DATA
　　昨日鄉村 · 原木工坊【地圖 p.200】
◎ 地址：大學路 14 號院內後門（店門在與
　　　　大學路接壤的黃縣路上、老舍故居
　　　　斜對面）
◎ 電話：13864213189
◎ 時間：09:30 ～ 21:30
◎ 交通：
　　‧ 地鐵人民會堂站
　　‧ 公交大學路站：1、6、25、26、202、
　　　214、223、225、228、231、304、
　　　307、311、312、316、321、367
　　‧ 公交魚山路站：220、411
◎ 周邊：老舍故居、迎賓館、信號山公園、
　　　　梁實秋故居、青島德國監獄舊址博
　　　　物館、天后宮
◎ 微博：tw.weibo.com/1520152611

沐棉 · 至美雜貨——私房雜貨個性鋪

　　「沐棉」是間具有個人風格的雜貨鋪，木質門面、低調窄小，使人感到自在放鬆，店內陳設的家居擺件與青島特色紀念品，多是老闆赴各地旅遊時選購的稀奇小物。不僅如此，「沐棉」也販售青島本地設計師出品的棉麻材質服飾，走向屬剪裁清爽的文藝風格，與整間店鋪毫無違和感。有寄當地明信片作為旅行紀念的朋友，可直接在此挑選和書寫，老闆也提供郵寄服務。須留意的是，「沐棉」基於隱私謝絕攝影，對已罹患拍照強迫症的現代人而言，恰是放下手機（或相機），用眼睛好好欣賞的契機。

DATA
沐棉 · 至美雜貨【地圖 p.200】
◎地址：大學路 8 號院內（店門在大學路上、
　　　　青島市美術館對面）
◎時間：10:00 ～ 18:00
◎交通：同「昨日鄉村 · 原木工坊」

時光印記活字印刷──來自日星的啓發

　　「時光印記」老闆的叔叔原本開設印刷工廠，歇業後就留下數以萬計大大小小各種字體的鉛字，這些看似已被時代淘汰的舊工具，在老闆偶然看到台灣「日星鑄字行」的報導後，萌生重起爐灶與轉型經營的念頭，現已發展成全國連鎖的體驗式工坊。「時光印記」以溫潤的木質空間為基礎，店內整齊陳列密密麻麻的鉛字與具有青島特色的明信片、書籤，展示海德堡鉛印機、大風車印刷機、老式圓盤機、手搖圓盤機和鑄字機等多件文物級印刷機械，不僅能夠入內參觀，更可親自動手參與知識趣味與文化歷史結合的造紙、印刷等豐富活動，寓教於樂、老少咸宜。從選字排版到轉動百年印刷機印製卡片，透過慢節奏的手工 DIY，回味這段即將消逝的活字印刷時光。

DATA

時光印記活字印刷【地圖 p.195】
◎ 地址：南京路 100 號創意 100 產業園區 123 室（鄰近「不是書店」）
◎ 電話：18153208718
◎ 時間：10:00 ～ 18:00
◎ 價位：明信片 ¥10、書籤 ¥5、活字印刷體驗 ¥90、古法造紙體驗 ¥90
◎ 交通：
　・地鐵江西路站
　・公交二中分校站：12、26、32、33、125、202、210、218、220、222、312、319、322、370、601、604
◎ 周邊：青島咖啡茶藝街、五四廣場、音樂廣場、奧林匹克帆船中心、情人壩
◎ 官網：www.huoziyinshua.com

起源於山東的魯菜屬中國四大菜系之一（其餘是川菜、粵菜、淮揚菜），內部再細分為以濟南為中心的濟南菜、流傳於膠東半島的膠東菜與以孔子故鄉曲阜為本營的孔府菜，共通特色是擅長烹調海鮮、講究清香味醇。魯菜歷史久遠，早在夏代已懂得使用鹽調味，詩經《國風·陳風·衡門》也有「豈其食魚，必河之魴？」、「豈其食魚，必河之鯉？」的詩句，顯示周朝時人們不僅會捕捉黃河的魴魚、鯉魚來食用，更將其視為頂級珍饈，這份對黃河鮮魚的喜愛延續至今，便是魯菜中的經典糖醋黃魚。

青島雖傳承膠東菜的傳統，卻因融入西式料理與西洋食材（果醬和麵包），形成別具風味的「（西洋）改良膠東菜」，菜式不僅涵蓋辣炒蛤蜊、九轉大腸、爆炒腰花、油爆雙花（即炸豬肚）、香酥雞等傳統魯菜，也有炸蝦托、氽西施舌、龍鳳雙腿等特色料理。青島市內有多間頗富好評的魯菜餐館，無論是歷史悠久的「春和樓」、演繹時尚魯菜的「老轉村」抑或是饕客推薦的「俏膠東」，都可品嘗到十分出色的魯菜美食。

說到山東，後面往往會接著餃子二字，著迷於既油爆又糖醋、刀工細膩且鮮美非常的繽紛海味時，也別忘記點一籠蒸餃或一盤水餃，嘗嘗最道地山東好「餃」色！至於另一個鼎鼎大名的山東饅頭，則是青島人午餐的好伙伴（早餐是油條配粥），經常可見拎著「一個便當＋一顆饅頭」的組合，大家神色自若地一口饅頭一口菜，與我們熟悉的白飯配菜相映成趣。不僅如此，青島還有排骨米飯、鮁魚水餃、青島大包、甜沫一類日常果腹的庶民小吃，大口灌下沁涼青啤的同時，更不能缺少下酒必備的重口味燒烤與海鮮熱炒。最後，儘管揮別殖民多年，青島依舊與德國關係密切。欣賞舊時德國建築之餘，不妨光顧供應道地德國菜的「柏斯圖德國餐吧」或「Ｕ＆Ｉ」，邊切德式螺旋香腸與烤肘子（即豬腳），邊享受青島特有的德意志氛圍。

P
A
R
T
5

DD魯菜·
嘗「青」食

經典魯菜──
海鮮的千變萬化

春和樓──百年老店舊食情

　　開業於 1891 年的「春和樓」，總店位在老城區最熱鬧的中山路，百年來從未搬離，是山東現存歷史最悠久的魯菜餐館。「春和樓」代代皆由名廚掌舵，不僅蔥燒海參、油爆海螺、爆炒腰花、九轉大腸等經典魯菜十分出色，原創的招牌菜金牌香酥雞更是經過醃蒸炸等繁複祕製工序的鎮店之寶。值得一提的是，青島附近海域盛產大海螺，養成當地人嗜吃海螺的飲食習慣，油爆海螺就是將當地喜好與魯菜細膩刀工相加乘的成果──先將海螺切成薄片狀，再與木耳、筍片、青椒一併爆炒，口感鮮滑脆嫩，確是展現過人廚藝的功夫菜。除了菜色道道有來頭，「春和樓」的蒸餃同樣堪稱一絕。大蝦仁蒸餃個頭特大，飽滿餡料裡裝著一隻完整的蝦，儘管外型不似南方麵點細膩精巧，卻有另一番的豪邁過癮。

Data 春和樓【地圖 p.196】
◎地址：中山路 146 號
◎電話：82824346
◎時間：10:00 ～ 21:30
◎價位：金牌香酥雞 ¥68、大蝦仁蒸餃 ¥48／6 個、鮍魚蒸餃 ¥36／6 個、九轉大腸 ¥88、
　　　　爆炒腰花 ¥58、蔥燒海參 ¥228、辣炒蛤蜊 ¥48
◎交通：
　　‧地鐵青島站
　　‧公交中山路站：隧道 3 路、隧道 7 路、2、5、205、218、222、228、231、301、
　　　305、320、325、366
　　‧公交大沽路站：2、5、6、218、221、412
　　‧公交河南路站：218
◎周邊：劈柴院美食街、中山路商圈、浙江路天主教堂、青島火車站

老轉村 China 公社──老轉的時尚魯菜

　　老轉是四川方言中轉業軍人（即退伍軍人）的意思，「老轉村」創始人離開四川部隊回到濟南老家，便以自己老轉的身分為餐廳命名。時至今日，「老轉村」已是山東知名的連鎖餐廳，單是青島一地就有「老轉村山東菜館」、「老轉村四川菜館」（閩江路 158 號）與 China 公社等風格各異的分店。「老轉村 China 公社」座落於文化藝術酒店「China 公社」旁，以融合濟南菜、孔府菜與膠東菜的時尚魯菜為主軸，晚間品嘗餐點之餘，還有中國傳統舞蹈、川劇變臉與剪紙等現場表演，是當地人招待宴客的首選。

Data

老轉村 China 公社（文化街店）【地圖 p.195】
◎地址：閩江三路 8 號浮山所 1388 文化街內
◎電話：80776776
◎時間：08:00 ～ 20:00
◎價位：自助午餐（¥58 含現烤海鮮肉類、啤酒，¥38 不含）、自助晚餐（¥68 含現烤海鮮肉類、啤酒，¥38 不含）
◎交通：
　‧地鐵江西路站
　‧公交海洋地質所站：12、23、32、208、210、216、218、222、228、312、314、322、363
　‧公交福州南路站：12、208、210、216、228、314、363、374、402、503、601
◎周邊：青島咖啡茶藝街
◎附註：午晚餐都可選擇「吃到飽」或「單點」，前者除了熟悉的自助餐菜色，還有蒸包子、水煎包與現包現煮的手工水餃，富有山東特色

China 公社文化藝術酒店
◎地址：閩江三路 8 號浮山所 1388 文化街內
◎電話：85768776
◎時間：入住 14:00 以後、退房 12:00 以前
◎設施：免費 Wi-Fi、行李寄存、中西式餐廳、電梯、自助早餐（一位 ¥38）
◎簡介：建築樓高 5 層，設計擷取福建客家圓形土樓與北方四合院的建築特點，形成混合古典傳統與時尚摩登的特殊造型。酒店整體屬古色古香風格，公共空間、房內擺設皆以中式為主，裝潢復古精緻具文藝風，一晚房價約在台幣 2,300 左右
◎官網：www.chinagongshe.com
◎訂房：tripadvisor 貓途鷹、Booking.com、Hotels.com

老轉村山東菜館（南京路店）【地圖 p.195】
◎地址：閩江路 11 號（南京路、閩江路叉口）
◎電話：85721776
◎時間：11:00 ～ 14:00、17:00 ～ 21:00
◎價位：九轉大腸 ¥58、孔府紫酥肉 ¥26、老醋蜇頭 ¥48、鍋貼 ¥42、辣炒蛤蜊 ¥48、肉末海參 ¥68、泰山三美（即白菜豆腐湯）¥18
◎交通：
　‧地鐵江西路站
　‧公交二中分校站：12、26、32、33、125、202、210、218、220、222、312、319、322、370、601、604
　‧公交浮山所站：12、26、31、33、104、110、125、224、225、228、231、232
　‧公交偉東尚城站：402
◎周邊：青島咖啡茶藝街、五四廣場、音樂廣場、奧林匹克帆船中心、情人壩

俏膠東──純正膠東海鮮味

　　以各式海鮮料理馳名的「俏膠東」，是島城人聚餐的口袋名單，每逢假日總是一位難求，排隊在所難免。貼心的是，等候區提供免費水果和零食，等待時間超過半小時，還會贈送涼菜、特色包子等，讓每位顧客都能心平氣和地耐心候位。「俏膠東」不只有經典的膠東名菜，也研發一些兼具美味與噱頭的特色料理，例如：全程零度製作、上菜時以冰塊裝盤的冰點醃螺；循膠東漁家作法，用八種不同蛤蜊製作的膠東麵疙瘩；以及膠東人逢年過節必備的膠東熬魚（使用膠東鐵鍋鮮湯煨煮野生小魚）等。除此之外，店家的水餃與烤物也堪稱一絕，前者以具青島特色的鮁魚和墨魚水餃最是可口，後者無論肉類（烤梅花肉、烤雞翅、烤牛排）或海鮮（烤牡蠣、烤黃花魚、烤蝦仁）都是火候恰好、肉質鮮嫩，兩者皆屬桌桌必點的招牌珍饈。

俏膠東【地圖 p.195】
◎地址：漳州路 116 號（近漳州一路）
◎電話：85721277
◎時間：10:00 ～ 21:30
◎價位：爐火烤梅肉 ¥38、魯南燒餅 ¥28、板筋炒包菜 ¥38、鮮蝦小籠包 ¥26
◎交通：
　・ 地鐵江西路站
　・ 公交福州南路站：12、208、210、216、228、314、363、374、402、503、601
　・ 公交香港中路站：12、208、210、216、228、314、363、374
　・ 公交書城站：222、309、369、503
◎周邊：青島咖啡茶藝街

庶民小吃──
排骨米飯＋鮁魚水餃＋
青島大包＋甜沫

萬和春──排骨第一味

　　店內採舊式快餐店格局的「萬和春」，儘管外觀簡單不起眼，實際卻是青島最具歷史的老字號排骨米飯創始店。所謂的排骨米飯，並非台灣常見的或炸或滷排骨配飯，而是藥燉排骨與白米飯的組合。據說「萬和春」的創辦人根據一帖百年祕方，製成這道獨步天下的滋味，排骨肉質鬆化軟嫩、湯汁清爽不膩，入口時還有淡淡的中藥香。「萬和春」以排骨米飯為主打，點餐時可斟酌食量挑選 3 或 4 塊（價位不同），依照喜好選擇排骨（肉多的通骨或骨多的脊骨），搭配樣式多元的小菜（韓國泡菜非常酸濃），飽足而不單調。

> **Data**
> 萬和春（台東八路店）【地圖 p.199】
> ◎ 地址：台東八路 66 號
> ◎ 電話：83635626
> ◎ 時間：10:30 ～ 20:30
> ◎ 價位：單人脊骨全餐（含四塊脊骨砂鍋＋米飯＋可樂＋小菜）
> 　　　　¥32.5、通骨砂鍋套餐（含通骨砂鍋＋米飯＋可樂）
> 　　　　¥27、羊什錦砂鍋 ¥19
> ◎ 交通：
> 　・**公交**台東八路站：19、32、119、205、206、212、219、
> 　　222、227、229、314、320
> 　・**公交**台東商業街（威海路）：都市觀光 3 線
> ◎ 周邊：台東三路步行街、清和路基督教堂
> ◎ 附註：店家與台東八街海鮮熱炒鬧區有段距離，需過天橋再
> 　　　　繼續走約 400 公尺

船歌魚水餃──啥餃都包

　　沒吃水餃等於沒到山東，沒嘗鮁魚水餃等於沒去青島！「船歌魚水餃」瞧準「內外通包」的水餃市場，便以「什麼都包」的海鮮水餃打響名號，迅速竄升為紅遍山東的連鎖水餃店。「船歌」需統一至門口旁的生鮮食材櫃前點餐，上第一道菜時服務生會將桌上的沙漏倒過來計時，作為 30 分鐘內必上菜完成的時效保證。店內供應的水餃尺寸偏小（一口一個）、餡料多元，從青島必見的鮁魚、黃花魚到罕見的牡蠣、墨魚、海參甚至活鮑魚，絕對稱得上噱頭十足，若好奇心重但人數少，不妨點盤什麼都有的全家福，肯定不虛此行。「船歌」水餃餡鮮皮 Q、入口香氣四溢，品質、價位皆屬上乘（筆者從未嘗過的鮮美滋味），另有熱炒與海鮮料理（海膽、生蠔、安康魚）也頗獲好評，是品嘗山東海味的最佳去處。

DATA
船歌魚水餃（閩江路店）【地圖 p.195】
◎ 地址：閩江二路 57 號
◎ 電話：80778001
◎ 時間：11:00 ～ 15:00、16:30 ～ 21:00
◎ 價位：鮁魚水餃（小份 16 顆）¥29、墨魚水餃（小份）¥39、黃花魚水餃（小份）
　　　　¥35、蠣蝦水餃（小份）¥43、全家福水餃（24 顆）¥79、麻辣一鍋鮮 ¥79、
　　　　青島涼粉 ¥17、剁椒魚頭撈麵 ¥59、高麗菜炒大海螺 ¥88、海鮮老虎菜 ¥23、
　　　　烤五花肉 ¥39
◎ 交通：
　　．地鐵江西路站
　　．公交福州南路站：12、208、210、216、228、314、363、374、402、503、601
　　．公交書城站：222、309、369、503
◎ 周邊：青島咖啡茶藝街、奧林匹克帆船中心、情人壩、五四廣場

苟不理——大包多來兩斤！

　　談到山東大包，美食家蔡瀾曾在《老瀾遊記》中寫道：「第一次聽到山東大包是胡金銓兄親口描述，他張開雙手一比，足足有一隻腳那麼大。」儘管事後證實當地確實曾有如腳底般大的包子，可惜現一切已成往事，如今的青島大包早蛻變為縮小尺寸的發麵包子。想品嘗道地的青島包子，老城區的「苟不理」可謂最佳選擇，這間擁有百年歷史的老店與天津的「狗不理」並無關連（據說創始人姓苟，為與天津名店分庭抗禮才取此名），包子依兩計價（青島當地多以屜計價，一屜即一籠）、1 兩 3 個（大陸 0.5公斤＝ 500 公克＝ 1 斤＝ 10 兩），當地人多是半斤起跳（即 15 個），搞不清規矩也可以「個」點餐。「苟不理」包子精緻小巧，皮彈餡香，以三鮮包、蝦虎包、香菇包最受歡迎，稀飯（即甜八寶粥）料多溫潤、餛飩小巧鮮甜，風味極具青島特色。

DATA　苟不理【地圖 p.197】
◎ 地址：四方路 25 號（四方路、易州路叉口）
◎ 電話：82827490
◎ 時間：10:00 ～ 22:00
◎ 價位：三鮮包 ¥1.2、豬肉包 ¥1.1、蝦虎包 ¥1.3、香菇包 ¥1.3、餛飩 ¥8
◎ 交通：
　．地鐵青島站
　．公交中山路站：隧道 3 路、隧道 7 路、2、5、205、218、222、228、231、301、305、320、325、366
　．公交黃島路站：228、231
◎ 周邊：中山路商圈、劈柴院美食街、浙江路天主教堂、觀象山公園、即墨路小商品市場
◎ 提示：店內不時排長龍，買少量者請記得先備妥零錢，能湊到免找毛零最好

于記老甜沫——原來是鹹粥

甜沫是源於山東濟南的傳統食物，雖名中有甜，實際卻是以小米磨成粉後熬煮的糊狀鹹粥，再加上花生、粉條、五香豆干（或豆腐皮）、豇豆等配料，與火燒（先蒸後烤的圓形略厚烤麵餅，口感紮實有勁，初入口無味，咀嚼後有麵香）一同食用就是當地人偏好的早餐組合。甜沫的起源有數種說法，以「添末兒」最說得通——粥做好後，再添上粉條、花生等「末兒」，久而久之人們便將「添末兒」念作「甜沫」。鄰近青島山公園的「于記老甜沫」是深得在地人支持的道地味，甜沫裡的花生、豇豆燉得軟爛，豆腐也是老闆以鮮豆腐現炸，火燒有肉（洋蔥豬肉）、素、烤肉（孜然風味）三款，茶葉蛋屬自家祕製、蛋黃鬆軟綿密，食物簡單樸實卻令人回味再三。

Data
于記老甜沫【地圖 p.198】
◎ 地址：廣饒路 107 號（廣饒路小學對面）
◎ 電話：13375328708
◎ 時間：05:45 ～ 12:00
◎ 價位：甜沫 ¥2.5、肉火燒 ¥3、小米粥 ¥1.5、烤肉火燒 ¥4、茶蛋 ¥1.5
◎ 交通：
　 · 公交十五中站：1、4、15、25、205、212、217、219、220、221、225、302、306、307
　 · 公交大連路站：1、4、25、205、212、217、221、225、307、308、367、604
◎ 周邊：青島山公園、中山公園、青島啤酒博物館、青島啤酒街

下酒精選——
那些誘人的燒烤與熱炒

王姐燒烤——島城烤肉聖地

「王姐燒烤」是青島最有名的烤肉店，儘管處處連鎖加盟，仍以中山路上的老店生意最火爆（其實各分店食物差距不大，唯人們喜歡湊熱鬧），所有串料即點即烤，長長人龍在所難免。店內提供里肌肉、五花肉、雞胗、脆骨、魷魚頭等多種選擇，肉大塊有存在感、醬料鮮美夠勁，大分量的肥嫩巨型烤魷魚更是人氣首選。等候時間雖不短，但光是欣賞師傅神乎其技的烤肉技術、讚嘆收錢掌櫃的超強記憶（每個人點啥全都過耳不忘）及兩人天衣無縫的超高效率，已是值回票價的現場表演。「王姐燒烤」深得本地人喜愛，出身青島的黃曉明曾在情境節目「旋風孝子」時說到自己常和母親一同光顧。難得獲大明星欽點，中山路本店卻相當低調（不見簽名或合照），透過島城人口耳相傳的好口碑，「王姐」靠真本事立足青島。

燒烤店旁還有間同名的「王姐盈福水餃」，販售肉夾饃和水餃，前者有尖椒、香菜、原味、烤肉等多種口味，後者餡料從豬肉扇貝 ¥26、素三鮮 ¥15、蝦仁三鮮 ¥26、豬肉薺菜 ¥15、羊肉香菜 ¥22到牛肉胡蘿蔔 ¥18 等包羅萬象。其中非嘗不可的，就是青島最有名的鮟魚水餃 ¥26，鮟魚屬刺少且容易剃除的魚種，有種特殊的口感，與五花肉混合後更加鮮嫩，許多外地饕客都對這份專屬青島的好味道念念不忘。

王姐燒烤【地圖 p.196】
◎地址：中山路 113 號
◎電話：82867147
◎時間：11:00 ～ 21:30
◎價位：魷魚串 ¥8 ～ 12、烤脆骨串 ¥3、五花肉串 ¥3、雞心串 ¥3、羊肉串 ¥4
◎交通：
　・地鐵青島站
　・公交棧橋站（中山路）：8、301、305、308、320、325、412
　・公交安徽路站：221、225
◎周邊：劈柴院美食街、中山路商圈、浙江路天主教堂、青島火車站、棧橋、青島郵
　　　　電博物館

什麼餐廳——
青島百味盡在「什麼」

　　以「尋味青島」為主題的「什麼餐廳」，從魯菜、膠東菜到德國料理無所不包，就連港台熟悉的煲仔飯、魯肉飯也有涉獵，建構屬於青島的味蕾印象，堪稱是一間包山包海的複合式料理餐廳。店內裝潢一如菜餚，採取中式傳統與西洋居酒屋的混搭風格，牆壁上還貼著「本餐廳只劫財不劫色」等幽默標語，氣氛喧譁熱鬧，讓人有放鬆心情的快意與溫馨。除了許多令人好奇的「什麼」開頭料理，如果想一次見識所有青島海味，不妨試試名為「八仙過海」的麻辣海鮮拼盤，新鮮美味又非常下酒。

Data
什麼餐廳（曲阜路店）【地圖 p.196】
◎地址：曲阜路 14 號甲（近中山路、無名小吃旁）
◎電話：82878112
◎時間：11:00 ～ 21:00（有午休）
◎價位：炒烤雞翅 ¥38、美極大頭菜 ¥12、什麼炒麵 ¥12、香辣蟹 ¥48、辣炒蛤蜊 ¥18、蒜香魷魚 ¥48、德式香腸拼盤 ¥68、燒鯽魚 ¥68
◎交通：同「王姐燒烤」

無名小吃──隱世高手的家常菜

　　店名雖取作「無名」，實際卻是名氣響噹噹的老飯館，料理主打本地家常菜，選項不多但樣樣經典，其中以紅燒與辣炒系列最受歡迎，皆屬調味濃郁的下酒下飯菜。「無名小吃」外觀如同一般擺設簡單的中菜館，沒有講究的裝潢或故事包裝，經濟實惠、C/P 值高，單憑著長年累積的好評與熟客回訪，造就日日門庭若市的盛況。除了室內座位，「無名」也有類似香港大排檔的搭棚戶外用餐區（範圍綿延至「什麼餐廳」）。吹著涼風的夏夜，與三五好友「哈啤酒、吃嘎啦」（當地人把喝說成哈、稱蛤蜊為嘎啦），真是人生一大享受。

> **DATA**
> 無名小吃【地圖 p.196】
> ◎地址：曲阜路 14 號（近中山路、什麼餐廳旁）
> ◎電話：82875949
> ◎時間：11:00 ～ 20:00（有午休）
> ◎價位：紅燒蝦 ¥50、辣雞心 ¥28、辣蛤蜊 ¥22、醬爆辣螃蟹 ¥68、蠔油扇貝 ¥38、紅燒黃花魚 ¥40、紅燒排骨 ¥45、肉末芸豆（芸豆口感類似菜豆，屬水感重的肥壯四季豆）¥26、香辣魷魚條 ¥35、青島一廠原漿 ¥10
> ◎交通：同「王姐燒烤」

青怡潤啤酒屋──青島正鮮味

　　「青怡潤啤酒屋」由青島本地人掌廚，主打道地島城口味，辣炒大頭菜鮮甜爽脆、辣蛤蜊肥美濃郁（筆者心中的島城No.1）、海參撈飯肉香Q彈、鮁魚水餃鮮嫩多汁、油潑扇貝鑊氣十足，道道都是好菜。喜愛吃魚的朋友，切莫錯過店內的紅燒多寶魚（屬比目魚的一種，雖然長相怪異但肉質嫩滑甜美，原產於法國，90年代初才在青島養殖成功），以恰到好處的火候煨出魚本身的鮮味，魚肉緊實的程度更說明店家對食材鮮度的講究，品質和調味皆優於同類海鮮餐館。店主夫婦為人亦有口碑，分量足、定價實在不宰客，不只外地客慕名而來，附近鄰居也不時光顧。不僅吃得令人豎起大拇指，「青怡潤」的原漿也格外地道，是本地人激推的一等口味！須留意的是，原漿都是店家當天現叫，不一定現點現有，若能提前預訂最好，否則就得現場碰運氣。

DaTa
青怡潤啤酒屋【地圖 p.197】
◎ 地址：芝罘路 56 號（芝罘路、四方路叉口）
◎ 電話：13325019985
◎ 時間：10:30 ～ 23:30
◎ 價位：辣蛤蜊 ¥18、乾煸大頭菜 ¥15、海參撈飯 ¥18、椒鹽蝦虎 ¥68、油燜大蝦 ¥58、多寶魚 ¥118、青島一廠原漿 ¥15
◎ 交通：
　・ 地鐵青島站
　・ 公交中山路站：隧道 3 路、隧道 7 路、2、5、205、218、222、228、231、301、305、320、325、366
　・ 公交黃島路站：228、231
◎ 周邊：中山路商圈、劈柴院美食街、觀象山公園、即墨路小商品市場、浙江路天主教堂

道地德國——
啤酒與香腸的快意體驗

柏斯圖德國餐吧——自產自銷正德味

德籍老闆經營的「柏斯圖德國餐吧」，從裝潢到食物十足德國風情，全店靈魂所在的德國香腸也由自家工廠生產，豬腳皮脆肉嫩與酸菜堪稱絕配。每桌必點的招牌德式香腸拼盤，內含黑胡椒、蒜香、辣味等不同口味，肉感厚重紮實，非常有飽足感。店內供應的德國 HB 扎啤，有黑啤（酒精濃度 ≧ 4.1%）、黃啤（酒精濃度 ≧ 3.7%）兩款，除共通的泡沫細膩，前者焦香濃烈、後者麥香純正，與肉食一同下肚尤其對味！

DATA 柏斯圖德國餐吧【地圖 p.198】
◎地址：館陶路 2 號（如家酒店樓下，近公交隧道 1、隧道 5 大窯口總站下車處）
◎電話：82833002
◎時間：10:00 ～ 22:00
◎價位：德式香腸拼盤 ¥118、脆皮烤豬肘配酸菜 ¥188、香煎豬頸肉 ¥80、獵戶豬排 ¥90、匈牙利牛肉湯 ¥49
◎交通：
　・公交大窯溝站：隧道 1 路、隧道 5 路、6、20、211、221、222、366、412
　・公交館陶路站：20、211、214、222
　・公交德國風情街站：都市觀光 3 線
◎周邊：德國風情街、即墨路小商品市場、劈柴院美食街、青島聖保羅堂

U & I ──青島第一烤豬腳

　　「U & I」由一對德中聯姻的夫婦經營，供應道地德式家常菜，儘管菜式選擇不多，但道道都是真材實料、費心耗時的功夫料理。店內以橘、藍搭配的暖色系為主調，空間不大、寧靜舒適，木質桌椅與陶瓷擺件營造如家般的溫馨感，餐點堅持現點現製，烤豬腳、肋排一類耗時費工的菜式需等待 1 小時。「U & I」雖沒有響亮的名聲或大氣的裝潢，卻是不少島城饕客的口袋名單，不僅德國香腸、咖哩雞很受推薦，Q 彈多汁、皮脆有嚼勁的烤豬腳更被評選為「青島最美味」！

Data

U & I【地圖 p.197；p.200】
◎ 地址：湖南路 20 號（湖南路、莒縣路叉口；近老舍公園）
◎ 電話：82869209
◎ 時間：10:00 ～ 22:00
◎ 價位：螺狀烤腸 ¥70、咖哩雞 ¥55、烤豬肋排 ¥95、德式烤豬肘 ¥180
◎ 交通：
　・地鐵青島站、人民會堂站
　・公交大學路站：1、6、25、26、202、214、223、225、228、231、304、307、311、312、316、321、367
　・公交黃縣路站：1、25、225、307、367
◎ 周邊：膠澳總督府舊址、青島郵電博物館、德國領事館舊址、棧橋、中山路商圈

分區地圖

五四廣場＋南京路＋閩江二路

時光印記
活字印刷

不是
書店
江西路站

蛋花
咖啡館

老轉村
China公社

老轉村
山東菜館

老轉村
四川菜館

可兒
咖啡館

船歌
魚水飲

俏膠
東

學苑
書店

青島咖啡
茶藝街

豆子
咖啡館

青島中心
假日酒店

←往中山
公園方向

青島
香格里拉
大酒店

五四廣場站

遠雄悅來酒店
公寓

往台灣路方向→

青島
威斯汀
酒店

五四廣場

海信
廣場

浮山所灣

奧林匹克
帆船中心

百麗
廣場

音樂廣場

情人壩

心海
廣場

F.R.AE

老城區中山路周邊

中山路
即墨路
濟南路
劈柴院美食街
什麼老食品店
北京路
高密路
指紋咖啡畫廊
河南路
海泊路
天津路
春和樓
四方路
河北路
新甫路
北京路
正陽路
天津路
保定路
王姐燒烤
濰縣路
肥城路
大沽路
蝸牛咖啡吧
什麼餐無名
中山路商圈
廣州路
寧陽路
泗水路
曲阜路
湖北路
湖北路
青島火車站
湖南路
青島站
廣西路
廣州路
蘭山路
費縣路
棧橋公園
太平路
費縣路
單縣路
單縣路
西陵峽路

↗往八大峽方向

F.R.AE

往館陶路方向↑

李村路　濟寧路　　　　　　　　　市立醫院　　膠寧高架路

即墨路　　膠州路　濟寧路　聊城路　　　　　江蘇路　　青島
　　　　芝罘路　　　　　　　　　聖保羅堂
高密路　　易州路　濟寧路　　　　蘭公子咖啡　　繁花・我們
　博山路　　　　　　　　　生活館　　　　圖書館
海泊路　　　青怡潤啤　　　　　　觀象山　　　觀象二路
　　　　　酒屋　　　　　　公園　　　　蘇州路
四方路　　苟不理　　　　　　　　　　　　　龍山路
　　　　黃島路　　　　　　　奧博維特
　　　平度路　安徽路　　　國際青年旅舍　　江蘇路
王姐　德縣路　　　　　　　　　觀象一路
燒烤　濰縣路　浙江路　　　　　　　青島龍山路
　　　　天主教堂　觀海一路　觀海山　　基督教堂
什麼餐廳＋　曲阜路　　　公園　觀海二路
無名小吃　　安徽路　　　　　　　往信號山公園方向→
　　紙有　青島　德縣路　觀海一路
湖北路　境界　文學館　　　　江蘇路
　　　嘉木　安徽路　觀海一路　基督教堂
　　　美術館　　膠澳總督府
湖南路　　老舍　明水路　舊址　沂水路
　　　公園
　　U&I　　　　湖南路　黃縣路
　青島郵電　　莒縣路
　博物館　廣西路　　青島路
橋　良友　　　　　日照路　　廣西路
園　書坊　安徽路　　　　　　浙江路
太平路　泛海名人　　　　天后宮　青島德國監獄　往小魚山
　　酒店　　　　　　舊址博物館　公園方向
　　　　　　　　　　人民會堂
　　　　　　　　　　　大學路　金口三路
　　　　　　　　　　人民
　　　　　　　　　　會堂站　金口一路
棧橋

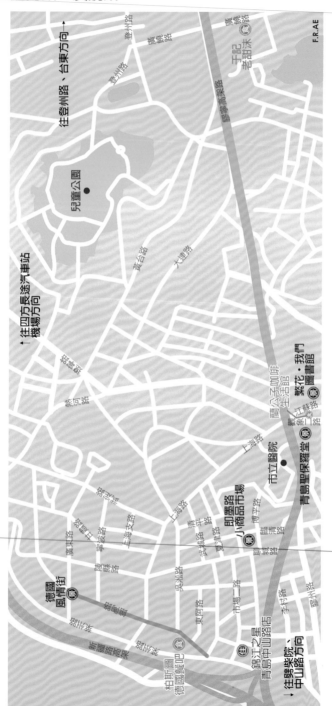

登州路＋昌樂路＋台東

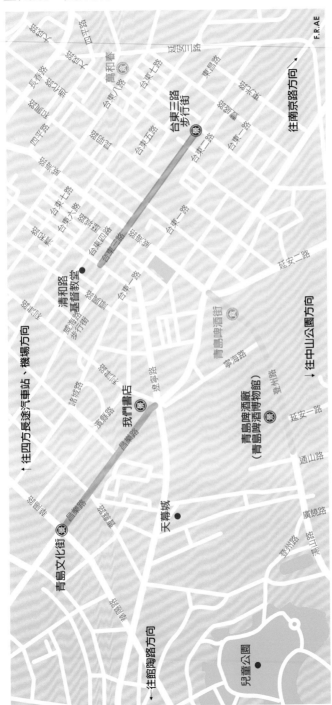

F.R.AE

延安三路

壽和青 貴

台東八路

台東七路

台平路

長春路

四平路

台東三路
步行街 景

東昌路

台東一路

台東二路

台東五路

台東四路

往南京路方向 →

清和路
步行街景 基督教堂

台東六路

台東七路

台東一路

延安二路

青島啤酒街 景

台東三路

登州路

青島啤酒廠
（青島啤酒博物館）景

延安二路

延安三路

通山路

往中山公園方向 →

我們書店 景

諸城路

昌樂路

↑往四方長途汽車站、機場方向

青島文化街 景 昌樂路

天幕城

登州路

廣饒路

陽山路

往館陶路方向 →

兒童公園

← 往中山路方向

觀海山公園

龍山路基督教堂

信號山公園

安徽路

德縣路

觀海一路

觀海二路

江蘇路

江蘇路基督教堂

怡堡酒店

迎賓館

老舍公園

膠澳總督府舊址

良友書坊

明水路

U&I

莒縣路

沙朴庭院咖啡館

黃縣路

龍口路

栖山路

膠州灣路

昨日鄉村．原木工坊

咖啡空

青島郵電博物館

青島路

日照路

湖南路

陽江路

老舍故居

長頸鹿咖啡

梁實秋故居

廣西路

天后宮

常州路

青島德國監獄舊址博物館

沐棉．至美雜貨

魚山路

人民會堂

金口三路

人民會堂站

大學路

金口二路

萊西路

金口一路

萊陽路

海軍博物館

金口一路

魯迅公園

小青島

琴嶼路

琴嶼路

龍潭路

中山公園

電視塔

太平山索道

太平山路

太平路

芝泉路

旭光路

仰口路

芝泉路

山景區＋
平山索道

湛山寺

郿陽路

東海一路

太平角六路

東海一路

青島植物園

郿陽路

岳陽路

往五四廣場方向→

咸陽路

蓮島路

往八大關、第二海水浴場方向

桃溪路

太平角四路

石島路

太平角八路

香港西路

F.R.AE

八大關＋太平角公園

往中山公園方向

往小魚山方向

炸山路

文登路

匯泉廣場

稍思
咖啡館

柴成路

中山公園站

武勝關路

武勝關路

武勝關
度假酒店

柴成路

紫荊關路

嘉峪關路

八大關

函谷關路

嘉峪關路

紫荊關路

武昌路

南海路

武昌路

柴成路

正陽關路

正陽關路

臨淮關路

正陽關路

公主樓

居庸關路

八大關
小禮堂

匯泉路

八大關
賓館

山海關路

山海關路

第二海水浴場

花石樓

寧武關路

匯泉路

太平灣

匯泉角

方向

青島植物園

太平角六路
蓮島路
太平角六路
香港西路

太平角四路

鵲山路
香港西路

往五四廣場方向→

湛山路

太平角五路
湛山二路

太平角四路

太平角公園站

太平角
公園

湛山二路
太平角三路
湛山三路

一杯滄海

湛山二路
太平角二路
湛山三路

●第三海水浴場

湛山一路
太平角一路
湛山四路

湛山五路
太平角六路

太平角一路

太平角

F.R.AE

國家圖書館出版品預行編目(CIP)資料

青島自助超簡單 / 粟子 文.攝影. -- 初版. --
臺北市 : 華成圖書, 2016.11
面 ; 公分. --(GO簡單 ; G0324)
ISBN 978-986-192-291-1(平裝)

1.旅遊 2.山東省青島市

671.29/431.6   105016077

GO簡單系列　G0324

青島自助超簡單

作　　者／粟子

出版發行／ 華杏出版機構

華成圖書出版股份有限公司
www.far-reaching.com.tw
11493台北市內湖區洲子街72號5樓（愛丁堡科技中心）
戶　　名　華成圖書出版股份有限公司
郵政劃撥　19590886
e-mail　huacheng@farseeing.com.tw
電　　話　02-27975050
傳　　真　02-87972007
華杏網址　www.farseeing.com.tw
e-mail　fars@ms6.hinet.net
華成創辦人　　郭麗群
發 行 人　　蕭聿雯
總 經 理　　蕭紹宏
法 律 顧 問　　蕭雄淋・陳淑貞

企 劃 主 編　　蔡承恩
責 任 編 輯　　陳淑燕
美 術 設 計　　陳琪叡
行 銷 企 劃　　林舜婷
印 務 專 員　　何麗英

定　　價／以封底定價為準
出版印刷／2016年11月初版1刷

總 經 銷／知己圖書股份有限公司
　　　　　台中市工業區30路1號　　電話　04-23595819　　傳真　04-23597123

☻ 讀 者 回 函 卡

謝謝您購買此書，為了加強對讀者的服務，請詳細填寫本回函卡，寄回給我們（免貼郵票）或 E-mail至huacheng@farseeing.com.tw給予建議，您即可不定期收到本公司的出版訊息！

您所購買的書名/_____ 購買書店名/_____

您的姓名/_____ 聯絡電話/_____

您的性別/□男 □女　　您的生日/西元_____年____月____日

您的通訊地址/□□□□□_____

您的電子郵件信箱/_____

您的職業/□學生 □軍公教 □金融 □服務 □資訊 □製造 □自由 □傳播
　　　　□農漁牧 □家管 □退休 □其他

您的學歷/□國中（含以下） □高中（職） □大學（大專） □研究所（含以上）

您從何處得知本書訊息/（可複選）

□書店 □網路 □報紙 □雜誌 □電視 □廣播 □他人推薦 □其他

您經常的購書習慣/（可複選）

□書店購買 □網路購書 □傳真訂購 □郵政劃撥 □其他_____

您覺得本書價格/□合理 □偏高 □便宜

您對本書的評價（請填代號/ 1.非常滿意 2.滿意 3.尚可 4.不滿意 5.非常不滿意）

封面設計_____ 版面編排_____ 書名_____ 內容_____ 文筆_____

您對於讀完本書後感到/□收穫很大 □有點小收穫 □沒有收穫

您會推薦本書給別人嗎/□會 □不會 □不一定

您希望閱讀到什麼類型的書籍/_____

您對本書及我們的建議/

廣告回信
台 北 郵 局 登 記 證
台 北 廣 字 第 0 0 0 5 2 6 號
免 貼 郵 票

華杏出版機構

華成圖書出版股份有限公司　　收

11493 台北市內湖區洲子街 72 號 5F（愛丁堡科技中心）
TEL/02-27975050

（沿線剪下）

（對折黏貼後，即可直接郵寄）

☺ 本公司為求提升品質特別設計這份「讀者回函卡」，懇請惠予意見，幫助我們更上一層樓。感謝您的支持與愛護！

www.far-reaching.com.tw　　　請將 G0324 「讀者回函卡」寄回或傳真(02)8797-2007